2023年

中国智慧教育区域发展研究报告

——数字时代技术赋能课后服务

教育部教育管理信息中心

深圳大学 编著

《中国教育信息化》杂志社

上海教育出版社
SHANGHAI EDUCATIONAL
PUBLISHING HOUSE

图书在版编目（CIP）数据

2023年中国智慧教育区域发展研究报告. 数字时代技术赋能课后服务 / 教育部教育管理信息中心，深圳大学，《中国教育信息化》杂志社编著. — 上海：上海教育出版社，2024.4
ISBN 978-7-5720-2612-6

Ⅰ.①2… Ⅱ.①教… ②深… ③中… Ⅲ.①地方教育－信息化－研究报告－中国－2023 Ⅳ.①G527

中国国家版本馆CIP数据核字(2024)第074822号

策划编辑　刘美文
责任编辑　刘美文
封面设计　周　亚

2023年中国智慧教育区域发展研究报告——数字时代技术赋能课后服务
教育部教育管理信息中心　深圳大学　《中国教育信息化》杂志社　编著

出版发行　上海教育出版社有限公司
官　　网　www.seph.com.cn
地　　址　上海市闵行区号景路159弄C座
邮　　编　201101
印　　刷　上海普顺印刷包装有限公司
开　　本　889×1194　1/16　印张 7.25
字　　数　147 千字
版　　次　2024年7月第1版
印　　次　2024年7月第1次印刷
书　　号　ISBN 978-7-5720-2612-6/G·2303
定　　价　78.00 元

如发现质量问题，读者可向本社调换　电话：021-64373213

编 委 会

前　言

　　中小学课后服务是"双减"背景下国家促进学生核心素养发展的重要措施。数字时代，技术的迅猛发展为提升教育质量、拓展教育机会以及促进教育公平提供了前所未有的可能性，也为课后服务的科学发展提供了新的契机。首先，随着人工智能、大数据、云计算等前沿技术的不断进步，它们在课后服务中的应用将更加深入，特别是在提供个性化学习方案方面。其次，技术的应用范围将扩展到包括艺术、体育在内的多个非学术领域，通过虚拟现实等技术提供更加丰富的互动学习体验。此外，大数据将在教育决策制定中发挥关键作用，帮助教育机构更有效地调整教学策略。同时，移动技术和互联网的普及将加强家校之间的沟通，使家长能够更好地参与孩子的教育过程。安全和隐私保护也将成为重点关注的领域，确保学生信息的安全。最后，随着技术在教育中的角色日益增强，相关政策和法规也需要不断更新，以支持技术的健康发展并保护所有利益相关者的权益。

　　通过对上海、安徽芜湖、吉林通榆等地的调研及案例分析，我们发现技术已经在课后服务领域开始扮演重要角色，已开始出现"互联网＋课后服务"的新模式。技术赋能课后服务的模式不仅提高了教育资源的可及性和多样性，同时也加强了学校与社会之间的沟通和合作。教育工作者已看到其中蕴含的巨大机遇。在课后服务的课程设计方面，应基于学科拓展、学科融通和社会生活，增加课程的可选择性和可参与性。同时，建立校内外课程资源共建模式，充分利用线上优质教育资源，填补学科优质资源的缺失，努力构建高品质课程资源。解决技术适应性和可访问性的挑战需要制定包容性策略，确保来自低收入家庭和偏远地区的学生能够平等地访问和有效使用技术赋能的课后服务。在处理数据隐私和安全方面，政府和相关部门的监管责任也愈发重要，需要在学校、家庭、社区等环境中强调保护学生个人信息和隐私的重要性，以确保所有的课后服务平台都能遵守相关法律和规定，保护学生的隐私和网络安全。面对教师培训和技能提升的挑战，教育机构应制订全面的培训计划，支持教师不断提升技术技能，确保他们能够有效地运用新技术进行教学。

在看到技术在赋能教育方面的正面作用的同时，我们也应看到其背后的隐忧，包括数据安全、隐私、伦理等互联网共性的挑战在"互联网＋课后服务"领域同样存在；同时，以互联网为载体将传统校外补课模式网络化带来的对"双减"政策的冲击同样不可小觑。在应对这些挑战时，需要采取有针对性的措施，以确保该领域的发展既充分利用机遇，又能够有效地应对潜在问题。

未来，技术赋能课后服务有望为学生提供更高质量、更个性化的教育体验，促进教育公平，扩大教育机会。通过持续不断地创新和改进，技术赋能课后服务这一新样态将在未来的发展中发挥关键作用，为学生的全面发展创造更多机会，实现更广泛的社会效益。

本书的撰写是在教育部教育管理信息中心的指导下完成的，项目主任刘曦葳为本书的策划、数据采集及统稿做出了重要贡献。为全面、真实地了解数字时代课后服务的相关情况，编写团队在全国抽取典型区域和学校，并向他们发放了约 45 000 份各类问卷。同时，上海市宝山区、吉林省通榆县、河南省信阳市羊山新区、安徽省芜湖市等区域及信阳市羊山实验小学、南京市南湖第二中学、上海市新场实验中学、通榆县第八中学等学校，为本书提供了丰富的数据及鲜活的技术支持下的课后服务案例。来自以上区域及学校的王思遥、王禹、王佳伟、周方园、华永兰、陈莉、张勇宏、袁媛、张九艳、王皖豫、刘静、陈德全、李明芳、陈爱利等教师参与了上述案例的整理。这些案例让我们得以更直观地了解数字技术在实践中是如何赋能课后服务的，进而更立体地透视"双减"政策下课后服务的发展生态。在此一并感谢。

数字技术发展迅猛，本书中提及的技术赋能课后服务样态也将在实践中不断演进。受限于编者水平及数据采样（特别是目前采集的数据样本多数来自城市区域，乡村样本偏少），本书一定存在不足与疏漏，敬请广大读者批评指正。在未来的研究中，我们将继续关注数字时代课后服务的最新动态和实践案例。相信在政府、学校、行业乃至全社会的共同努力下，数字时代下的课后服务一定能够迎来更加美好的未来，可以更加健康、可持续地发展。

目 录
CONTENTS

第 1 章

CHAPTER 1
数字时代技术赋能课后服务概述

1.1 技术赋能课后服务的概念与内涵

1.1.1 技术赋能课后服务的概念与内涵

中小学课后服务是"双减"背景下国家促进学生核心素养发展的重要措施。2017 年教育部印发的《教育部办公厅关于做好中小学生课后服务工作的指导意见》提出要充分发挥中小学校课后服务主渠道作用,"广大中小学校要充分利用学校在管理、人员、场地、资源等方面的优势,主动承担起学生课后服务责任"[①]。2021 年 7 月,中共中央办公厅、国务院办公厅印发《关于进一步减轻义务教育阶段学生作业负担和校外培训负担的意见》(以下简称"双减")中指出要提升学校课后服务水平,满足学生多样化需求[②]。《义务教育课程方案(2022 年版)》再次强调了课后服务工作的重要性,其中明确指出:各地各校要统筹课内外学习安排,有效利用课后服务时间,创造条件开展体育锻炼、艺术活动、科学探究、班团队活动、劳动与社会实践等,

发展学生特长[③]。课后服务的开展,可以有效缓解家长的经济压力和升学焦虑,有助于学生全面发展和综合素质提升,是提高教育质量和促进教育公平的重要举措。有研究表明,学生参加课后服务不仅可以拥有更好的教育表现,还可以缓解低收入等弱势家庭背景对其发展的消极影响[④]。课后服务的主要内容在各个地方有不一样的安排,图 1.1-1、图 1.1-2 显示了不同地方的做法。

课后服务内容主要包括:
安排学生在指定场所自主完成作业,并可进行学生作业个别答疑;
安排学生参加体育、科普、艺术等各类社团组织或兴趣小组,观看适宜少年儿童的影片等活动;
安排学生在阅览室、图书馆等区域开展自主阅读或读书交流活动。
学校可统一安排专题教育等有益活动。活动安排要体现实践性、体验性、自主性。

图 1.1-1 山西省课后服务的主要内容[⑤]

① 教育部办公厅.关于做好中小学生课后服务工作的指导意见[EB/OL].(2017-02-24)[2023-12-23]. http://www.moe.gov.cn/srcsite/A06/s3325/201703/t20170304_298203.html.
② 中共中央办公厅,国务院办公厅.《关于进一步减轻义务教育阶段学生作业负担和校外培训负担的意见》[EB/OL].(2021-07-24)[2023-12-23]. http://www.moe.gov.cn/jyb_xxgk/moe_1777/moe_1778/202107/t20210724_546576.html.
③ 中华人民共和国教育部.义务教育课程方案(2022 年版)[M].北京:北京师范大学出版社,2022.
④ 张伟平,付卫东等.中小学课后服务能促进教育公平吗——基于东中西部 6 省(自治区)32 个县(区)调查数据的分析[J].中国电化教育,2021(11):16-23.
⑤ 山西省教育厅.《关于做好中小学生课后服务工作指导意见》政策解读[EB/OL].(2021-01-06)[2023-12-23]. https://jyt.shanxi.gov.cn/xwzx/tjjy/202101/t20210106_2642816.html.

序号	社团活动	时间	地点	类别
		向南小学社团活动		
1	校田径队（高年级段）	星期一、三、五	操场（雨天楼梯口）	
2	校田径队（低年级段）	星期一、三、五	操场（雨天风雨亭）	
3	校女子排球队	星期一、三、五	排球场（雨天实验室2）	
4	校男子排球队	星期一、三、五	排球场（雨天实验室2）	
5	校男子篮球队（高年级段）	星期一、三、五	篮球场（雨天图书馆1）	
6	校男子篮球队（低年级段）	星期一、三、五	篮球场（雨天图书馆2）	
7	校女子篮球队（高年级段）	星期一、三、五	篮球场（雨天实验室1）	
8	校女子篮球队（低年级段）	星期一、三、五	篮球场（雨天实验室1）	
9	校女子足球队	星期一、三、五	足球场（雨天连廊）	
10	空手道精品班（低年级段）	星期一、二、三	健康观察室旁草坪	
11	空手道精品班（高年级段）	星期一、二、三	健康观察室旁草坪	
12	空手道兴趣班	星期四	操场	
13	田径兴趣班（高年级段）	星期二	操场（雨天楼梯口）	
14	田径兴趣班（低年级段）	星期二	操场（雨天风雨亭）	
15	男子排球兴趣班	星期二	排球场（雨天实验室2）	
16	女子排球兴趣班	星期二	排球场（雨天实验室2）	体育
17	男子篮球兴趣班（低年级段）	星期二	篮球场（雨天图书馆2）	
18	女子篮球兴趣班（高年级段）	星期二	篮球场（雨天实验室1）	
19	女子篮球兴趣班（低年级段）	星期二	篮球场（雨天实验室1）	
20	女子足球兴趣班	星期二	足球场（雨天暂停）	
21	男子足球兴趣班	星期二	足球场（雨天暂停）	
22	乒乓球（兴趣班1）	星期一	乒乓球台	
23	乒乓球（兴趣班2）	星期二	乒乓球台	
24	乒乓球（兴趣班3）	星期三	乒乓球台	
25	乒乓球（提高班）	星期四	乒乓球台	
26	国际象棋（兴趣班1）	星期四	A栋二（5）班教室	
27	国际象棋（兴趣班2）	星期四	A栋二（6）班教室	
28	国际象棋（兴趣班3）	星期四	A栋二（7）班教室	
29	国际象棋（兴趣班4）	星期二	图书馆	
30	国际象棋（兴趣班5）	星期二	教室食堂二楼美术教室	
31	国际象棋（提高班）	星期四	A栋二（8）班教室	
32	围棋	星期四	A栋二（4）班教室	
33	跆拳道	星期四	健康观察室旁草坪	
34	跳绳	星期四	操场（雨天风雨亭）	
35	硬笔书法	星期四	A栋二（3）班教室	
36	软笔书法	星期四	教师食堂二楼美术室	
37	主持朗诵	星期四	A栋二（1）班教室	
38	创意写作	星期四	B栋一（3）班教室	
39	心理社团	星期二、星期五	C栋六楼音乐室1C602	人文
40	24点	星期四	B栋一（1）班教室	
41	华容道	星期四	B栋	
42	七巧板	星期四	C栋	
43	中国舞	星期四	C栋音乐室一	
44	芭蕾舞	星期四	C栋舞蹈室	
45	拉丁舞	星期四	C栋音乐室二	
46	街舞	星期二	C栋舞蹈室	
47	声乐	星期四	B栋一（5）班教室	
48	小提琴	星期四	C栋音乐室三	
49	油画棒	星期四	B栋一（6）班教室	
50	创意绘画	星期四	B栋一（7）班教室	
51	国画	星期一、二、三	C栋五楼美术教室	
52	泥塑	星期四	B栋一（8）班教室	
53	纸艺综合创作社团1	星期一	D栋三楼美术室	
54	纸艺综合创作社团2	星期一	D栋三楼美术室	
55	纸艺综合创作社团3	星期三	D栋三楼美术室	艺术
56	纸艺综合创作社团4	星期五	D栋三楼美术室	
57	团合奏班	星期五	电教室	
58	长笛班	星期五	C栋五楼美术室1	
59	单黄管班	星期五	A栋二（5）班教室	
60	萨克斯管班	星期五	C栋六楼舞蹈教室	
61	小号班	星期五	A栋二（7）班教室	
62	圆号班	星期五	C栋图书馆	
63	低声铜管班	星期五	C栋图书馆	
64	打击乐班	星期五	C栋六楼音乐室三	
65	戏曲社团	星期一、星期五	C栋六楼音乐室二	
66	机器人	星期四	C栋5楼电脑室1	
67	编程	星期四	C栋5楼电脑室2	
68	玩转发明	星期四	B栋一（2）班教室	
69	创客兴趣班	星期一	C栋5楼电脑室2	科技
70	创客2精品班	星期二	C栋5楼电脑室2	
71	科技社团	星期三、五	D栋二楼美术室	
72	校园No.1社团活动	星期三	C栋5楼电脑室2	

图 1.1-2 深圳市向南小学课后服务主要内容 ①

---

① 向南小学 . "社" 想未来 "团" 聚梦想——深圳市南山区向南小学社团正式开团［EB/OL］.（2023-
10-24）［2023-11-23］. https://www.szns.edu.cn/xydt/202310/t20231024_139400.html.

1.1.2 技术赋能在课后服务中的作用和重要性

在数字化时代背景下，技术赋能对教育资源的可访问性和多样性产生了显著影响。网络平台和数字化资源涵盖多种学科，拥有丰富的学习材料，它使学生能接触到更广泛的教育内容。技术赋能不仅提供了个性化的学习体验，而且通过人工智能和大数据的应用，为每位学生定制专属的学习计划，有效提升了学生的学习效率并激发了学生的学习热情。同时，技术赋能还加强了家校之间的互动与合作，为家长提供及时的学习反馈和进度追踪，促进了家长与教师之间的有效沟通。此外，技术赋能还极大提高了教育服务的效率和质量。通过自动化管理系统和智能分析工具，学校能够更高效地管理课后服务，确保教育服务的高质量执行。技术赋能还促进了学生在学术、艺术、体育及社交技能等多方面的全面发展。它在实现教育公平方面也发挥着重要作用，通过提供优质的在线教育资源，帮助缩小具有不同背景的学生之间的教育差异。最后，数据驱动的教育决策使得学校和教育机构能够更深入地理解学生需求，从而做出更精准和有效的教育策略调整。

1.1.3 技术赋能课后服务的特点和优势

技术赋能课后服务的特点和优势体现在以下多个方面。个性化学习体验：技术赋能的课后服务通过人工智能和大数据分析，能够根据每个学生的学习习惯、能力和兴趣提供个性化的学习内容和教学方法。这种定制化的学习有助于提高学生的学习效率和兴趣。资源的丰富性和多样性：利用互联网和数字技术，学生可以接触到更广泛的教育资源，包括在线课程、互动教学软件、虚拟实验室等，这些资源不受地理和时间的限制，极大地丰富了学习内容。高效的沟通和反馈机制：技术赋能的平台可以实现实时的沟通和反馈，家长和教师可以通过这些平台及时了解学生的学习进度和问题，从而更有效地支持学生的学习。数据驱动的教学决策：通过收集和分析学生的学习数据，为教学和课后服务提供数据支持，教师和学校可以更准确地了解学生的学习状况，从而做出更合理的教学决策。提高教育公平性：技术赋能的课后服务通过提供高质量的在线教育资源，帮助缩小城乡、不同社会经济背景学生之间的教育差距。灵活性和便捷性：学生可以根据自己的时间安排选择学习时间和内容，这种灵活性对于忙碌或有特殊需求的学生尤为重要。促进学生全面发展：除了学术学习，技术赋能的课后服务还可以包括艺术、体育、社交技能等多方面，帮助学生形成全面的能力。安全和监管：通过技术手段，学校和家长可以更好地监控学生的在线活动，确保他们的网络安全，健康使用网络。这些特点和优势共同构成了技术赋能课后服务的核心价值，使其成为现代教育体系中不可或缺的一部分。随着技术的不断进步和创新，这些服务将继续演变，为学生提供更加丰富和高效的学习体验。

1.2　技术赋能课后服务的主要维度

1.2.1　安全监管与管理

课后服务需确保学生在使用数字工具和平台时的安全，并保护他们的隐私。数据安全和隐私保护是核心要素，需要通过强有力的数据加密措施、合规的数据收集和处理流程，以及定期更新的隐私政策来实现。网络安全教育对于教育学生如何安全地使用互联网和社交媒体至关重要，包括识别网络欺诈、保护个人信息、避免网络欺凌等方面的知识。此外，监控和过滤系统的部署对于防止学生访问不适当内容和限制访问有害网站至关重要，同时也有助于保护他们免受网络攻击和恶意软件的影响。设备和网络的安全管理也是一个关键方面，确保学校提供的设备具备适当的安全措施，如防病毒软件和防火墙，以及安全的学校网络。应急预案和响应机制的制定对于应对数据泄露、网络攻击或其他安全事件至关重要，包括快速响应机制，以使损害最小化，应确保所有相关人员都了解在紧急情况下的行动步骤。最后，向家长和教师提供关于网络安全和隐私保护的培训，可以帮助他们更好地理解和支持学生在数字环境中安全使用课后服务。通过这些综合措施，技术赋能的课后服务不仅能为学生提供一个安全、健康的学习环境，还能有效保护他们的个人信息和网络安全。

1.2.2　教育资源的共享与个性化学习

在技术赋能的课后服务中，教育资源的共享与个性化学习共同推动了教育的现代化和学生学习体验的优化。教育资源的共享通过互联网和云技术实现，使得各种教学材料、课程内容、互动工具和参考资料可以跨越地理和时间限制，被广泛地访问和使用。这种共享不仅增加了资源的可获得性，还促进了教育公平，因为来自不同地区和具有不同家庭背景的学生都能够接触到高质量的教育资源。此外，开放教育资源（OER）的兴起也为教育共享做出了重要贡献，提供了免费和可编辑的教育资源，进一步降低了学习成本。个性化学习是技术赋能教育的另一个重要方面。通过数据分析、人工智能和机器学习技术，课后服务平台能够根据学生的学习习惯、能力和兴趣定制个性化的学习路径和内容。这种个性化学习方法不仅提高了学习效率，还增强了学生的学习动力，因为课程内容更加贴合他们的需求和兴趣。此外，个性化学习还包括适应性学习技术，这些技术能够实时调整学习内容的难度和复杂性，以适应学生的学习进度，从而提供更加个性化的学习体验。

1.2.3 家校互动与沟通

家校互动与沟通是课后服务的一个至关重要的组成部分，它极大地增强了家庭和学校之间的联系和协作，对学生的教育和发展产生了积极影响。技术的应用使得家校沟通更加便捷和高效。通过使用专门的教育平台或应用程序，家长可以轻松获取孩子在学校的学习进展、作业情况和行为表现。这些平台通常提供实时更新和通知功能，确保家长及时了解孩子的学校生活和需要注意的问题。此外，这些工具还支持家长和教师之间的直接沟通，使双方可以方便地讨论学生的学习计划、进步和遇到的挑战。技术赋能的家校互动还包括提供参与各种在线会议和研讨会的机会，这些活动可以让家长更深入地了解学校的教育理念、课程安排和各种教育资源。通过视频会议和网络研讨会，家长即使在家中也能参与学校的活动，家庭与学校之间的联系增强了。同时，家长的反馈也可以通过这些平台直接传达给教师，促进了教育方法和策略的持续改进，加深了家庭和学校之间的合作关系，有助于创建一个更加支持和促进学生学习和发展的环境。此外，技术还使得家校合作更加个性化和更具目标导向。教师可以通过电子平台分享个性化的学习建议和资源，帮助家长更好地支持孩子的学习。

1.2.4 学习效果的评估与反馈

通过各种在线评估工具和学习管理系统，教师和教育工作者能够更有效地跟踪和评估学生的学习进展，这些系统可以自动收集学生的学习数据，包括作业成绩、测试结果、在线活动参与度等。这些数据不仅帮助教师了解每个学生的学习状况，还可以用来识别学习难点和个人需求，从而提供更加个性化的指导和支持。此外，技术还使得学习反馈更加及时和具体。教师可以通过电子平台快速提供反馈，不仅包括成绩评价，还包括对学生学习方法、思维过程的点评。这种及时的反馈对于学生获知自己的学习进展和需要改进的领域非常重要。技术还支持更多样化的评估方法，如项目式学习、同伴评价等，这些方法不仅能评估学生的知识掌握情况，还能评估他们的创造力、团队合作能力和问题解决能力。这种全面的评估方式有助于全面发展学生的各项能力。技术赋能的评估和反馈还为家长提供了更多了解孩子学习状况的机会。家长可以通过访问学习管理系统，实时了解孩子的学习进度和表现，这有助于家长更有效地支持孩子的学习和发展。

1.2.5 互动性和社交技能的培养

数字时代各项技术为学生提供了丰富的互动学习环境。例如，通过在线讨论论坛、协作项目工具和虚拟班级，学生们可以在一个互动的环境中学习和交流。这些平台鼓励学生积极参与讨论、分享观点、提出问题，从而提高他们的沟通能力和团队合作技能。技术使得跨文化交流和全球合作变得更加容易。学生们可以通过网络与世界各地的同龄人交流，参与国际项目，这不仅扩展了他们的视野，还帮助他们培养了跨文化沟通和适应不同文化背景的能力。游戏化学习和虚拟现实（VR）技术也为社交技能的培养提供了新的途径。通过参与教育游戏和模拟活动，学生们可以在一个安全且受控的环境中训练社交互动能力，如解决冲突、团队合作和领导力。然而，需要注意的是，技术虽然提供了许多培养社交技能的机会，但虚拟交流不能完全替代面对面的交流。因此，课后服务中的技术应用应该与真实世界的社交互动相结合，以确保学生能够全面发展他们的社交技能。

1.3　技术赋能课后服务的主要技术

1.3.1　互联网和移动技术

在课后服务中，互联网为学生提供了广泛的在线学习资源，使他们能够在课后轻松访问各种教育内容。移动技术，如智能手机和平板电脑，进一步增强了这种访问的便利性，允许学生在任何时间和地点进行学习。二者的结合不仅使个性化和自主学习成为可能，还促进了学生之间以及学生与教师之间的互动和沟通。通过互联网和移动技术，课后服务能够更加灵活和高效，满足不同学生的学习需求，同时也为教育工作者提供了更多监管和指导学生学习进度的工具。

1.3.2　人工智能与大数据

人工智能（AI）和大数据的结合为课后服务提供了更加精准和高效的教育解决方案。AI技术能够根据学生的学习习惯和能力定制个性化的学习计划，提供智能辅导和自动化的问题解答，从而提高学习效率。同时，AI还能辅助教师对学生的表现进行评估，通过分析学生的学习进度和理解程度，帮助教师更好地调整教学方法。大数据则在收集和分析学生学习行为和成绩方面发挥作用。通过对大量数据的分析，教育者可以洞察学生的学习模式、课后活动的参与度以及学习成果，从而更有效地调整课后服务内容，确保其符合学生的实际需求。此外，大数据还能帮助学校和教育机构识别和预测教育趋势，为课后服务的长期规划和改进提供数据支持。

1.3.3　虚拟现实与增强现实

虚拟现实（VR）和增强现实（AR）技术在课后服务中提供了创新的教学和学习方法。VR

技术通过创建沉浸式的虚拟环境，使学生能够在完全模拟的场景中进行学习和实践。这种沉浸式体验特别适用于科学实验、历史重现、地理探索等领域，让学生在安全的虚拟环境中进行实际操作和探索，增强学习的趣味性和实践性。AR 技术则是在现实世界中叠加虚拟信息，为学生提供更加丰富和互动的学习体验。例如，在地理或生物学学习中，AR 可以将复杂的地形图或生物结构以三维形式展现，帮助学生更直观地理解抽象概念。AR 技术还可以用于语言学习，通过虚拟场景模拟不同的语言环境，提高学生的语言应用能力。VR 和 AR 技术的应用不仅使课后学习更加生动有趣，还有助于提高学生的空间感知能力和创造力，为学生提供了一种全新的学习方式，使他们能够更加主动地参与到学习过程中。

1.3.4 云计算与物联网

云计算和物联网（IOT）技术极大地增强了教育资源的可访问性和互动性。云计算提供了一个中央平台，使教育资源和应用程序可以在任何时间、任何地点被访问和使用。这意味着学生可以在课后轻松接触到教学材料、视频教程和在线作业，无论他们身处何地。此外，云平台还支持教师和学生之间的实时互动和协作，使得远程教学和学习成为可能。物联网技术则通过将物理设备连接到互联网，使课后服务有了新的维度。在教育环境中，IOT 设备可以用于监测学习环境（如温度、光线、噪声水平等），确保提供适宜的学习条件。此外，IOT 设备还可以用于跟踪学生的出勤情况、学习进度和行为模式，从而帮助教师更好地理解学生的学习需求和习惯。云计算和物联网的结合使得课后服务更加智能化和个性化。例如，通过分析从 IOT 设备收集的数据，云平台可以为每个学生提供定制化的学习建议和资源。这种技术的应用不仅提高了课后服务的效率和质量，还为学生提供了更加安全、舒适和有针对性的学习环境。

1.4 技术赋能课后服务的过程与方法

1.4.1 服务设计与规划

服务设计与规划环节，需关注创建符合学生需求的互动学习环境。这包括对学生需求的深入分析，整合教育资源，应用现代技术如 AI、VR/AR、云计算等，以及设计有教育意义的课程和活动。设计与规划需确保所有设计符合教育标准和安全规定，特别是在处理学生数据和在线互动方面，还需建立评估和反馈机制以监控服务效果，并根据反馈进行持续改进，使课后服务既有效又吸引人，满足学生、教师和家长的需求。

1.4.2　技术集成与实施

技术集成与实施的过程涉及将各种技术如互联网、移动技术、人工智能、大数据、虚拟现实、增强现实、云计算和物联网等有效融合，以提升课后服务的质量和效率。实施阶段关注技术的应用，确保它们能够无缝集成进教育环境中，同时保持用户友好性和易于访问性。这包括确保技术平台的稳定性和安全性，以及提供必要的培训和支持，确保教师和学生能够充分利用这些技术。此外，持续监测和评估技术应用的效果，以便及时调整和优化，确保技术集成真正满足教育目标和学生需求。

1.4.3　教学方法与学习策略

教学方法与学习策略需要与现代技术相结合，以提高学习效率和参与度。例如，采用互动式学习平台和游戏化技术可以激发学生的兴趣和动力。同时，个性化学习路径的设计，利用大数据和人工智能分析学生的学习习惯和能力，可以提供定制化的学习体验。此外，合作学习和项目式学习的方法鼓励学生在团队中工作，培养他们的社交技能和创新思维。教学方法的多样化和学习策略的灵活应用，不仅增强了学生的学习体验，还有助于培养他们在 21 世纪所需的关键技能。

1.4.4　持续监测与优化

持续监测与优化涉及对教育活动和学习成果的实时跟踪，以确保服务的有效性和质量。通过使用数据分析和反馈机制，教育者可以评估学习活动的成效，识别学生的学习难点，及时调整教学方法和内容。此外，持续监测还包括对技术工具和平台的性能评估，确保它们能够稳定运行并满足学习需求。优化过程则侧重于根据收集到的数据和反馈进行改进，不断提升课后服务的整体质量。这种动态调整和持续改进的方法有助于创造一个更加高效、个性化的学习环境，从而提高学生的学习成效和满意度。

1.5　技术赋能课后服务问卷调查总体情况

针对数字时代技术赋能课后服务情况，本次调查向全国多个国家级信息化教学实验区发放问卷，问卷类型分为管理者版本、教师版本、学生版本及家长版本。

1.5.1 管理者版本问卷总体情况

管理者版本问卷收集了有效问卷 161 份，如表 1.5-1、表 1.5-2、表 1.5-3 所示，样本涵盖了北京、上海、南京、青岛等地区。样本类型以城区为主，占比 65.22%，乡镇较少，占比 28.57%；样本学校以小学为主，占比 79.50%，初中较少，占比 25.47%。

表 1.5-1 管理者版本问卷样本地区分布

第 1 题：您学校所在的城市是：［单选题］

选　　项 ⬍	小计 ⬍	比　　例
北京	13	8.07%
上海	1	0.62%
深圳	0	0%
南京	17	10.56%
青岛	11	6.83%
郑州	0	0
武汉	18	11.18%
通榆	35	21.74%
芜湖	15	9.32%
义乌	14	8.70%
⊞ 其他（请填写）［详细］	37	22.98%
本题有效填写人次	**161**	

表 1.5-2 管理者版本问卷样本所在区域类型

第 2 题：您学校所在区域位于：［单选题］

选　　项 ⬍	小计 ⬍	比　　例
城区	105	65.22%
乡镇	46	28.57%
农村	10	6.21%
本题有效填写人次	**161**	

表 1.5-3 管理者版本问卷样本学校类型

第 3 题：您学校是：［多选题］

选　　项 ⬍	小计 ⬍	比　　例
小学	128	79.5%
初中	41	25.47%
高中	0	0
本题有效填写人次	**161**	

1.5.2　教师版本问卷总体情况

教师版本问卷共收集了有效问卷 2 166 份，涵盖了北京、青岛、通榆、芜湖、义乌等多个实验区。样本教师所在区域类型以城区为主，占比 75.16%；乡镇较少，占比 18.84%；农村最少，占比 6.00%。样本教师性别以女性为主，占比 83.66%；男教师占比 16.34%。样本教师任教年级集中在小学，初中较少；任教学科几乎覆盖了所有学科，其中语文学科最多，共 782 份，占比 36.1%。如表 1.5-4 至表 1.5-8 所示。

表 1.5-4　教师版本问卷样本分布地区

第 1 题：您任教学校所在的城市是：[单选题]

选　项 ⬧	小计 ⬧	比　例	
北京	230		10.62%
上海	41		1.89%
深圳	0		0
南京	210		9.70%
青岛	170		7.85%
郑州	4		0.18%
武汉	207		9.56%
通榆	253		11.68%
芜湖	255		11.77%
义乌	225		10.39%
⊞其他（请填写）[详细]	571		26.36%
本题有效填写人次	2 166		

表 1.5-5　教师版本问卷样本所在区域类型

第 2 题：您任教学校所在的区域位于：[单选题]

选　项 ⬧	小计 ⬧	比　例	
城区	1 628		75.16%
乡镇	408		18.84%
农村	130		6.00%
本题有效填写人次	2 166		

表 1.5-6　教师版本问卷样本性别

第 3 题：您的性别：[单选题]

选　项 ⬧	小计 ⬧	比　例	
男	354		16.34%
女	1 812		83.66%
本题有效填写人次	2 166		

表 1.5-7　教师版本问卷样本任教年级

第 6 题：您的任教年级：［多选题］

选　　项 ⇕	小计 ⇕	比　　例	
三年级	776		35.83%
四年级	541		24.98%
五年级	468		21.61%
六年级	455		21.01%
初一	148		6.83%
初二	147		6.79%
初三	110		5.08%
高一	2		0.09%
高二	0		0
高三	0		0
本题有效填写人次	2 166		

表 1.5-8　教师版本问卷样本任教学科

第 7 题：您主要任教的学科：［多选题］

选　　项 ⇕	小计 ⇕	比　　例	
语文	782		36.10%
数学	553		25.53%
外语	256		11.82%
科学	175		8.08%
道德与法治	175		8.08%
历史	28		1.29%
物理	26		1.20%
化学	18		0.83%
地理	19		0.88%
生物	28		1.29%
劳动	104		4.80%
体育	177		8.17%
艺术	200		9.23%
思想政治	81		3.74%
心理健康	62		2.86%
综合实践	78		3.60%
信息技术（信息科技、通用技术）	74		3.42%
本题有效填写人次	2 166		

1.5.3 学生版本问卷总体情况

学生版本问卷共收集了有效问卷 23 671 份，涵盖了北京、武汉、通榆、义乌等多个实验区。样本学生所在区域类型以城区为主，占比 81.41%；乡镇较少，占比 15.70%；农村最少，占比 2.89%。样本学生性别分布较为平均，男生占比 51.95%，女生占比 48.05%。样本学生覆盖了三至九年级，其中五年级最多，占比 25.66%。其中，大部分学生只参加校内课后服务，共 16 138 人，占比 68.17%；没有参加课后服务的学生有 3 563 人，占比 15.05%；校内和校外课后服务都参加的学生有 3 313 人，占比 14%；只参加校外课后服务的学生 657 人，占比 2.78%。如表 1.5-9 至表 1.5-13 所示。

表 1.5-9　学生版本问卷样本分布地区

第 1 题：你在哪个城市上学？[单选题]

选　　项 ⬧	小计 ⬧	比　例
北京	2 083	8.80%
上海	514	2.17%
深圳	43	0.18%
南京	1 922	8.12%
青岛	1 213	5.12%
郑州	60	0.25%
武汉	2 919	12.33%
通榆	3 173	13.40%
芜湖	2 561	10.82%
义乌	3 238	13.68%
⊞ 其他（请填写）[详细]	5 945	25.13%
本题有效填写人次	23 671	

表 1.5-10　学生版本问卷样本所在区域类型

第 2 题：你的学校所在区域位于：[单选题]

选　　项 ⬧	小计 ⬧	比　例
城区	19 269	81.41%
乡镇	3 717	15.70%
农村	685	2.89%
本题有效填写人次	23 671	

表 1.5-11　学生版本问卷样本性别

第 3 题：你的性别：〔单选题〕

选　　项 ⇕	小计 ⇕	比　　例
男	12 298	51.95%
女	11 373	48.05%
本题有效填写人次	**23 671**	

表 1.5-12　学生版本问卷样本年级分布

第 4 题：你的年级：〔单选题〕

选　　项 ⇕	小计 ⇕	比　　例
三年级	3 938	16.64%
四年级	4 398	18.58%
五年级	6 075	25.66%
六年级	4 449	18.80%
初一	2 716	11.47%
初二	1 715	7.25%
初三	331	1.40%
高一	5	0.02%
高二	8	0.03%
高三	36	0.15%
本题有效填写人次	**23 671**	

表 1.5-13　学生版本问卷样本参加课后服务情况

第 6 题：你是否参加了课后服务？〔单选题〕

选　　项 ⇕	小计 ⇕	比　　例
没有参加	3 563	15.05%
只参加校内课后服务	16 138	68.17%
只参加校外课后服务	657	2.78%
校内和校外课后服务都有参加	3 313	14.00%
本题有效填写人次	**23 671**	

1.5.4　家长版本问卷总体情况

家长版本问卷共收集了有效问卷 18 663 份，涵盖了北京、南京、通榆、武汉等多个实验区。样本家长所在区域类型以城区为主，占比 83.71%；乡镇较少，占比 13.45%；农村最少，占比 2.84%。样本家长性别以女性为主，共 12 493 人，占比 66.94%；男性家长 6 170 人，占比 33.06%。从样本家长学历分布情况来看，专科及以下最多，共 7 035 人，占比 37.69%；大学本科次之，共 6 258 人，占比 33.53%。样本涵盖了三至十二年级，其中最多的是三年级，共 3 786 人，占比 20.29%。如表 1.5-14 至表 1.5-18 所示。

表 1.5-14　家长版本问卷样本分布地区

第 1 题：您孩子就读的学校位于哪个城市？ [单选题]

选　　项 ⬧	小计 ⬧	比　　例
北京	2 032	10.89%
上海	522	2.80%
深圳	5	0.03%
南京	3 290	17.63%
青岛	265	1.42%
郑州	24	0.13%
武汉	2 287	12.25%
通榆	2 977	15.95%
芜湖	335	1.79%
义乌	2 738	14.67%
⊞ 其他（请填写）[详细]	4 188	22.44%
本题有效填写人次	18 663	

表 1.5-15　家长版本问卷样本所在区域的类型

第 2 题：您孩子就读学校的所在区域：[单选题]

选　　项 ⬧	小计 ⬧	比　　例
城区	15 623	83.71%
乡镇	2 510	13.45%
农村	530	2.84%
本题有效填写人次	18 663	

表 1.5-16　家长版本问卷样本性别

第 3 题：您的性别：［单选题］

选　　项 ⬍	小计 ⬍	比　　例	
男	6 170		33.06%
女	12 493		66.94%
本题有效填写人次	**18 663**		

表 1.5-17　家长版本问卷样本最高学历

第 5 题：孩子父母的最高学历是（以最高计算）：［单选题］

选　　项 ⬍	小计 ⬍	比　　例	
专科及以下	7 035		37.69%
大学本科	6 258		33.53%
硕士研究生	1 216		6.52%
博士研究生	252		1.35%
⊞ 其他［详细］	3 902		20.91%
本题有效填写人次	**18 663**		

表 1.5-18　家长版本问卷样本年级分布

第 6 题：您的孩子就读几年级？［单选题］

选　　项 ⬍	小计 ⬍	比　　例	
三年级	3 786		20.28%
四年级	3 409		18.27%
五年级	3 870		20.73%
六年级	2 872		15.39%
初一	2 118		11.35%
初二	1 535		8.22%
初三	1 009		5.41%
高一	11		0.06%
高二	14		0.08%
高三	39		0.21%
本题有效填写人次	**18 663**		

1.6　技术赋能课后服务领域的发展

1.6.1　行业现状与趋势

当前，技术赋能的课后服务行业正快速发展，主要表现在市场需求增长、技术广泛应用、政策支持加强、家校合作模式创新、教育公平关注度提升、数据驱动的个性化学习、持续技术创新及对教师技能的新要求。这些趋势共同推动了教育服务的效率和质量提升，同时为学生提供了更具个性化、互动性的学习体验，也为教育工作者、政策制定者和技术开发者带来了新的挑战和机遇。

1.6.2　典型企业与产品分析

在技术赋能课后服务领域，一些典型企业和产品已经显现出明显的影响力和创新性。一些教育科技公司如 VIPKID、作业帮、和一起教育科技等，通过提供在线教育平台，使得学生能够在课后接受个性化辅导和互动学习。这些平台通常结合人工智能、大数据分析来提供定制化的学习内容和进度跟踪，从而提高学习效率和效果。

部分企业专注于开发互动学习工具和应用程序，如智能学习机器人、增强现实和虚拟现实教育应用，这些产品通过提供沉浸式学习体验，增强学生的学习兴趣和参与度。例如，使用 VR 技术的历史教育应用，可以让学生在虚拟环境中亲身体验历史事件，从而加深对知识的理解和记忆。

云计算和物联网技术也被应用于课后服务，用以提高教育资源的可访问性和管理效率。例如，云端教育平台可以让教师和学生在任何时间、任何地点访问教学资源，同时便于教育管理者监管和评估教学活动的效果。

这些企业和产品的共同特点是利用先进技术提高教育服务的可达性、个性化和互动性，同时也为教育行业的数字化转型提供了新的思路和方向。

1.6.3　市场机遇与挑战

在技术赋能课后服务市场中，我们面临着机遇和显著的挑战。市场需求的增长、技术的进步以及政策的支持共同为教育科技公司提供了广阔的发展空间。然而，保证在线教育内容的质量、确保数据安全和实现隐私保护、应对激烈的市场竞争、提高技术接受度以及保障教育公平等问题，都是我们必须面对的挑战。这些挑战要求我们在创新产品和服务的同时，也需关注用户信息保护和确保教育资源的公平分配。

1.7 技术赋能课后服务的潜在风险与监管

1.7.1 隐私与数据安全

随着技术的深入应用，学生和家长的个人信息、学习数据等敏感信息的收集和处理日益增多。因此，确保这些数据的安全和隐私保护是必须的。这包括采用加密技术保护数据传输，实施严格的数据访问控制，以及遵守相关的数据保护法规。同时，教育机构和技术提供商需要对用户进行隐私保护和数据安全的教育和培训，提高他们的防范意识和能力，以防止数据泄露和滥用。

1.7.2 服务质量与标准

高标准的服务质量保证了课后服务的有效性和安全性，同时也会提升家长和学生的满意度。为此，需要制定明确的服务标准和质量指标，涵盖教育内容的丰富性、教学方法的创新性、技术工具的可靠性和易用性等方面。此外，定期的服务质量评估和反馈机制也至关重要，它们可以帮助教育机构和技术提供商持续改进服务，确保其符合教育目标和用户需求。这些措施可以保障课后服务的高效、高质和持续改进，从而更好地服务于学生的学习和发展。

1.7.3 政策与法规环境

政策和法规为技术赋能课后服务的提供、监管和质量控制设定了框架和标准。教育政策需要明确课后服务的目标、范围和质量要求，确保服务符合教育部门的指导原则和教育目标。数据保护和隐私法规对于保护学生信息安全至关重要，特别是在使用数字技术和在线平台时。技术标准和合规性指南对于确保技术解决方案的安全性、可靠性和有效性也非常重要。政策和法规还应鼓励创新和技术发展，同时确保公平和普遍的教育机会，避免加剧教育不平等。因此，一个全面、平衡且灵活的政策和法规环境对于促进技术赋能课后服务的健康和可持续发展至关重要。

第 2 章

CHAPTER 2
数字时代技术赋能课后服务的
政策发展

2.1 整体概述

2.1.1 技术赋能课后服务的时代背景

数字时代下，技术的飞速发展和互联网的广泛普及正让传统教育下的课后服务经历着前所未有的变革，传统的教育模式与教育方式已难以满足当今社会发展的需求。这种变革不仅改变了教育方式，更催生了学生和家长对课后服务的新需求。

各国政府对数字时代技术在教育中的角色的认识正不断深化，其中重要的一点便是对技术的认识。他们意识到，技术的运用能够为课后服务提供更高效、更个性化的支持，进而提高教育质量和效果。于是，不少国家课后服务政策的制定和调整中均体现了这一认识。

同时，我国政府在政策层面对技术赋能课后服务也给予了高度重视与支持，并制定各项政策以适应这一变革。这些政策为技术赋能课后服务提供了方向和保障，有助于推动教育的创新和发展。随着技术的不断进步和政策的不断完善，课后服务将更加优质、高效，以满足数字时代对教育和课后服务的需求。

2.1.2 课后服务政策总体情况

我国课后服务相关政策的演变历程可大致分为三个阶段。第一阶段，课后服务的需求逐渐浮现，部分地区开始了学生课后看护有关的自主探索。随着 20 世纪 90 年代素质教育推进力度逐渐加大，中小学减负问题的治理逐步落地，课后服务的需求逐渐浮现。2009 年，在"在校时间不得超过 6 小时"的政策要求下，课后服务的需求被"3 点半难题"正式激发出来，各地方政府开始自行探索。如 2010 年上海市颁布《关于进一步做好本市小学生放学后看护工作的通知》；2016 年湖北省颁布《关于开展小学生课后在校托管服务的指导意见（试行）》。

数字时代技术的快速发展引发了颠覆性的社会转型，对课后服务政策同样产生了重要影响。人工智能、大数据、云计算等技术的发展，为课后服务的提效和创新提供了可能，使其能够更加个性化、智能化，提高服务质量和效率。

2017 年 2 月，课后服务正式成为国家政策，其政策演变也进入了第二阶段，确立了"自愿参与、公益普惠、育人为本"的三大基本原则。政府开始对课后服务的收费、覆盖范围等提出明确要求，以规范课后服务市场，并逐步实现课后服务的普及化。同时，政府还注重提高课后服务的效率和质量，通过引入先进技术和管理模式，提升课后服务的整体水平。

2021 年 7 月"双减"政策落地后，课后服务政策演变进入了第三阶段。即进一步强调服务内容的多元化与高效利用社会资源，提高其支撑保障能力，推动数字时代下课后服务的"提质增效"。在这一阶段，国家鼓励学校统筹利用社会力量参与课后服务[①]，推动形成多元化的服务供给模式，以满足不同学生的多样化需求。

在数字时代背景下，我国课后服务将进一步融合素质教育发展的客观需求与数字技术的优势，提升服务质量、拓展服务内容、优化服务方式，满足学生与家长对优质、个性化、多元化课后服务的需求。同时，数字技术还将助力政府机构更好地监管和评估课后服务的质量和效果，为政策制定提供科学依据。

未来，随着数字技术的不断发展和应用，我国课后服务将呈现出更加智能化、个性化的发展趋势。这些技术的应用将有力地推动我国课后服务的创新和发展，满足学生和家长日益增长的需求，促进教育的公平和质量的提升。

2.2 国际相关经验

国际上许多国家都提供各种形式的课后服务。这些服务最初是针对中小学的"三点半"现象，即由于学生的放学时间和家长的工作下班时间不一致，导致学生在一定时间内无人监管的问题。课后服务旨在为学生提供一个安全、有益的环境，帮助他们在放学后继续学习和发展。

国外的课后服务类型多种多样，根据不同国家和文化背景的不同而有所差异。一些常见的课后服务包括学术辅导、体育活动、艺术和音乐课程、社交技能培训等。例如，在美国，课后服务通常包括学术辅导、体育活动、艺术和音乐课程以及社区服务项目。而在英国，课后服务可能更注重社交技能的培养和兴趣班的组织。

课后服务在不同国家的开始时间也有所不同。例如，美国的课后服务可以追溯到 19 世纪后半叶，民间私人资助的"男孩女孩俱乐部"，其最初目的是帮助儿童躲避街道安全隐患。其他国家如英国、加拿大和澳大利亚也在 20 世纪后期开始提供类似的课后服务。随着时间的推移，国外的课后服务得到了广泛的发展和普及。越来越多的学生和家长意识到课后服务的重要性，并积极参与其中。教师和志愿者也积极投入到课后服务的工作中，为学生提供各种支持和指导。

在一些国家，政府还通过政策和资金支持来推动课后服务的发展。随着科技的不断进步，

---

① 中华人民共和国教育部 . 教育部等十三部门关于规范面向中小学生的非学科类校外培训的意见［EB/OL］.（2022-12-28）［2023-12-23］. http://www.moe.gov.cn/srcsite/A29/202212/t20221229_1036959.html.

技术在国外的课后服务中扮演着越来越重要的角色。通过使用技术工具和平台，学生可以获得更多的学习资源和支持，教师可以更好地管理和组织课后活动。此外，技术还提供了更多的机会，使学生能够参与到全球性的学习和交流中。因此，技术的发展对于国外课后服务的政策制定和实施具有重要的意义。

2.2.1 技术赋能法律及其标准建设

随着科技的不断发展，技术赋能课后服务在全球范围内得到了广泛的应用和推广。为了保障学生权益、提高教学质量，各国纷纷制定相关政策、法律和标准来规范技术赋能课后服务的发展。

美国曾出台相关法律与标准对课后服务的内容和标准予以指导。美国政府成立了"21 世纪社区学习中心"[①]（21st Century Community Learning Centers，以下简称"21st CCLC"），并通过《21世纪社区学习中心法案》等法律文件，为学生提供免费或低收费的课后学习机会，鼓励学校为各个年龄段提供信息技术教育。借助各州的信息收集系统（Profile and Performance Information Collection System，PPICS）的数据，我们得知有 83% 的州提供了多样化且广泛的培训和技术援助，旨在推动计划的可持续性发展[②]。近年来，美国政府已将提供高质量的 STEM 活动作为推进"放学后项目"实施过程中的一项关键内容，旨在强化学生的科学素养、技术知识、工程和数学能力。《每一个学生成功法案》（ESSA）为各州如何使用联邦资金支持教育项目提供了指导，并提供了各州和地区可以用来支持 STEM 教育改进的多种资金来源[③]。

芬兰的国家教育委员会于 2011 年正式实施《基础教育法》修正案[④]，于国家层面鼓励地方政府为儿童组织丰富多彩的课外活动。芬兰强调要以儿童为中心，站在儿童立场确定课外教育内容和形式。调查显示，儿童最喜欢跑酷、做美食、攀岩、编程、艺术、游戏设计等兴趣活动。

日本政府为其课后服务提供主要资金并制定标准，1948 年正式实施《儿童福祉法》[⑤]，该法

---

① AfterschoolAlliance. 21STCENTURYCOMMUNITYLEARNINGCENTERS［EB/OL］.［2023-12-27］. https://www.afterschoolalliance.org/policy21stcclc.cfm.

② 董秀兰. 美国 21 世纪社区学习中心计划研究［D］. 华中师范大学，2009.

③ Afterschool Alliance. Policies impacting afterschool STEM［EB/OL］.［2023-12-23］. https://www. afterschoolalliance.org/STEM-policy.cfm.

④ Ministry of Education and Culture. Basic Education Act.［EB/OL］.［2023-12-23］. https://www.finlex.fi/en/laki/kaannokset/1998/en19980628.

⑤ 厚生劳动省. 儿童福祉法.［EB/OL］.［2023-12-26］. https://www.mhlw.go.jp/web/t_doc?dataId=82060000&dataType=0&pageNo=1.

规定市、町、村等行政单位对于在小学就读、未满 10 岁的儿童，应给予必要的保护和帮助。日本厚生劳动省和文部科学省共同制定并发布了"放学后儿童综合计划"，旨在整顿放学后儿童俱乐部。在日本的放学后计划中，科学技术的应用主要体现在利用先进的教育设备和科技手段提高教育质量和效率[①]。例如，部分课后服务俱乐部采用了电子学习平台，让学生可以在家中进行自主学习。

2.2.2　技术支持下的 STEM 教育活动

在课后服务所提供的活动中，STEM 教育拥有着重要的地位，许多国家为学生的课后学习提供了 STEM 相关的学习内容。数字时代技术的不断发展，不仅丰富了课后 STEM 教育可学习的内容，更促进了技术与课后服务进一步的融合发展。

STEM 教育纳入美国"放学后计划"（After school programs）后，《下午三点后的美国：课后 STEM 教育得到发展，但障碍与不公依然存在》（*America after 3PM: STEM Learning in Afterschool on the Rise, But Barriers and Inequities Exist*）的统计数据揭示了 STEM 教育在美国课后教育领域的显著增长。2020 年，全美参与课后活动的儿童数量高达 765 万，其中近四分之三的儿童在这些活动中接受了 STEM 相关专业的学习。这一趋势表明，过去十年里，STEM 教育已经逐步占据美国课后教育的主导地位，成为培养未来创新人才的重要途径[②]。在美国开展的 STEM 教育中，广泛应用了各种数字时代的技术[③]。例如，计算机和机器人等高科技产品被用于实践教学，帮助学生亲身参与到科学实验和工程设计中，提升理论知识的理解和应用能力。此外，虚拟现实（VR）、增强现实（AR）等技术也被引入到教学中，丰富教学内容，使教学过程更加生动有趣，激发学生对 STEM 学科的兴趣和热情。

2.2.3　国际课后服务中各主体角色

在各国课后服务中，不同主体承担着不同的角色职责。课后服务中的主体分别有：政府、家长、学校、企业、教师、大学生和社区成员。不同角色所承担的主要职责可大致分为四种：管理主体、资金来源、师资构成和监管评估。

美国的课后服务项目主要依托公立学校展开，其中超过一半的项目由公立学校直接提供；

---

① 赵硕，倪娟 . 日本课后服务体系的发展历程、现状及启示［J］. 比较教育学报，2023（01）：105-117.
② Afterschool Alliance.America after 3PM: STEM Learning in Afterschool on the Rise, But Barriers and Inequities Exist［R］.Washington, D. C.: Afterschool Alliance, 2021.
③ 姚琳，付紫彤 . STEM 教育纳入美国"放学后计划"：动因、路径与成效［J］. 全球教育展望，2023，52（09）：47-58.

14% 由"男孩女孩俱乐部"组织；14% 由私立学校组织。2009 年，"课后联盟"首次对政府、家庭、基金会和企业等对课后计划的资助情况进行了评估，结果显示，学生家庭支付了 76% 的费用，占比最大；联邦政府拨款占 11%；各州政府拨款仅占 3%；基金会和私人捐助占 5%；其他来源占 5%。美国课后联盟 2014 年发布的报告《下午三点后的美国：需求旺盛的课外活动》(*America after 3PM: Afterschool Programs in Demand*)[①] 指出，课后服务的教师由学校教师、大学生和地区社会成员等组成，其中学校教师占比高达 49.60%。课后服务志愿者中大学生占比 26.30%，社区成员占比 20.60%，高中生占比 18.10%，学生家长占比 17.50%。同时，2020 年发布的报告《下午三点后的美国：需求增加，机会减少》(*America After 3PM: Demand Grows, Opportunity Shrinks*)[②] 指出，美国的课后服务评估体系呈现分层且多元的特点，涵盖了国家级、州级以及第三方评估机构等多个层级，同时结合自评与他评的方式，共同推动高质量课后服务的内容建设与发展。

瑞典的课后服务项目中，政府以购买第三方服务支持的课后休闲中心为主，占比 82.80%，私人机构运营的课后休闲中心占比 17.20%。资金来源上，由瑞典政府承担大部分开支，家长承担较少的费用，且采用的收费制度较为灵活，主要有阶梯收费制和城际补偿制等制度。[③] 在师资构成方面，瑞典的课后服务工作主要由校外教师承担，这些教师必须持有法律规定的相关学位和证书，以确保教学质量和专业性。另外，在瑞典，开设课后服务中心需要获得营业执照和瑞典学校监察局的许可证。政府负责检查场所内的设施，并决定是否颁发许可证。此外，瑞典还有其他配合监管的机构，如瑞典青年和民间社会机构，该机构传播关于青少年生活条件的知识，跟踪瑞典议会和政府设定的国家青年政策目标，并支持市政当局的青年工作。[④]

根据日本厚生劳动省发布的《课后儿童健全育成事业的设施及运营标准》和《课后儿童俱乐部的运营方案》日本的课后服务项目标准由各级政府进行制定，标准中需规范相关职员、设施基准、运营规程等。政府同时提供课后服务的公益性场所，如学校闲置场地、公共儿童馆、图书馆等。资金来源上，日本政府提供课后服务的主要资金，家长只需支付少部分费用。师资构成上，日本的课后服务指导员等角色通常由社区的志愿者承担，同时结合日本老龄化的社会

① Afterschool Alliance.America after 3PM: Afterschool Programs in Demand［EB/OL］.［2023-12-22］. https://eric.ed.gov/?id=ED611371.
② Afterschool Alliance.America After 3PM: Demand Grows, Opportunity Shrinks［EB/OL］.［2023-12-22］. https://eric.ed.gov/?id=ED611372.
③ Afterschool Alliance.Uncertain Times 2009: Recession Imperiling Afterschool Programs and the Children They Serve［EB/OL］.［2023-12-22］. https://www.afterschoolalliance.org/UncertainTimes2009.cfm.
④ 贾利帅，刘童.北欧四国中小学课后服务的实践、特征及启示［J］.基础教育 2021，18（04）：103–112.

特征，老年人是志愿者中的重要组成。除此之外，还有在校大学生和教师资格证持有者等。监管体系上，政府委托社会第三方机构，通过问卷调查、实地走访等方式对课后服务的实施情况进行定期检查与评估。

综上所述，各国在技术赋能课后服务的法律及标准建设方面都有一定的经验和做法。这些国家通过制定相关法律和标准，明确了学生权益保障、教学质量提升等方面的要求，为技术赋能课后服务的发展提供了有力的支持和指导。

各国的政策发展和各角色在课后服务中承担的相应职责为国内的课后服务政策制定和各方协同合作提供了重要参考。如社区力量对课后服务师资的支持为缓解国内课后服务师资短缺提供了新的思路；加强第三方机构对课后服务的支持（开发课后服务课程和技术、提供场地、开发监管和评估机制等），为课后服务规模与质量的提升提供了新的思考。

2.3 国家政策解读

2.3.1 课后服务国家政策

2017 年以来，针对义务教育学校特别是小学阶段"三点半放学"所带来的"学生放学早、家长下班迟""校内减负、校外增负"等难题，教育部持续积极推进课后服务工作。2017 年 3 月，教育部办公厅印发了《关于做好中小学生课后服务工作的指导意见》（下称《意见》），针对课后服务原则、各学校主体作用等做出了详细规定。《意见》指出，充分发挥中小学在课后服务中的主渠道作用，坚持学生家长自愿原则，科学合理地确定课后服务内容形式：包括安排学生做作业、自主阅读以及安排科普、体育艺术等活动。并要求各地教育行政部门进一步完善相关政策。《意见》的出台标志着课后服务正式成为国家政策，对后续各区域政策出台有着重要的指导意义。同年 9 月，《关于深化教育体制机制改革的意见》[①]将"建立健全课后服务制度，提供丰富多样的课后服务"作为完善义务教育均衡优质发展体制机制重要方面。

2018 年 8 月，国务院办公厅颁布的《国务院办公厅关于规范校外培训机构发展的意见》[②]，提出强化中小学校在课后服务中的主渠道作用，充分挖掘校外资源，不断提高课后服务水平，

---

① 中共中央办公厅、国务院办公厅.关于深化教育体制机制改革的意见［EB/OL］.（2017-09-24）［2023-12-22］. https://www.gov.cn/zhengce/2017-09/24/content_5227267.htm.
② 国务院办公厅.关于规范校外培训机构发展的意见［EB/OL］.（2018-08-22）［2023-12-23］. https://www.gov.cn/zhengce/zhengceku/2018-08/22/content_5315668.htm.

进一步明确并强化了课后服务各主体及区域的"何为"与"可为"。

为了解决校外学科培训挑战校内主体地位，学生课业压力负担过重的问题，2021 年 7 月，中共中央办公厅和国务院办公厅提出"双减"政策，明确指出"强化学校教育主阵地作用"，减轻义务教育阶段学生作业负担与校外培训负担。而课后服务则是支撑"双减"落地的重要载体与抓手。在从严规范校外培训行为的基础上，政策明确从"学校端"发力，提升学校课后服务的水平，包括服务时间、质量、渠道，并提出将免费线上学习服务做优做强，以满足学生多样化需求。强化教师、经费等相应配套治理，完善家—校—社协同机制。

在同月教育部举办的新闻通气会上，时任基础教育司司长的吕玉刚介绍并推行了课后服务的"5+2"模式①，即学校每周 5 天都要开展课后服务，每天至少开展 2 小时，结束时间需与当地正常下班时间相衔接。并进一步对课后服务的内容从学校、教师层级做出了指引。学校层面需结合办学特色、学生学习与成长需求；教师层面需充分调动教师积极性和创造性，积极开发设置多种课后服务项目。对于学习有困难的学生，进行补习辅导和答疑，而对学有余力的学生要拓展学习空间；另一方面，应开展丰富多彩的文艺、体育、劳动、阅读、兴趣小组及社团活动，满足学生的多层次多样化需求。

2023 年 12 月 27 日，教育部办公厅等四部门联合印发《关于进一步规范义务教育课后服务有关工作的通知》②（下称《通知》），旨在更好地贯彻落实"双减"政策，进一步规范义务教育中小学课后服务工作，提高课后服务水平和质量，于 2024 年春季学期起正式实施。《通知》锚定"双减"，提出"五个禁止"，并从"四个方向"指导下一步课后服务质量提升路径，即丰富课后服务内容，要求各地各校加强课后服务活动课程资源开发；充实课后服务队伍，充分利用校外资源，按照有关规定有序引进具有资质、符合条件的社会组织和专业人员参与课后服务；加快数字化赋能，全面推进优质课后服务教育资源共建共享，有序扩大数字化管理试点应用，提高课后服务管理效能；强化条件保障，推动各地健全课后服务经费保障机制，规范收费行为，保障课后服务健康发展。这是继《对十四届全国人大一次会议第 8081 号建议的答复》③表示"下一步，教育部还将研制《义务教育课后服务指南》"以规范课后服务管理工作，强化

① 中华人民共和国教育部新闻通气会 . 教育部：推行课后服务"5+2"模式 每周 5 天每天至少 2 小时［EB/OL］.（2021-07-13）［2023-12-22］. http://www.moe.gov.cn/jyb_xwfb/xw_fbh/moe_2606/2021/tqh_210713/mtbd/202107/t20210714_544609.html.

② 中华人民共和国教育部 . 教育部办公厅等四部门联合部署规范义务教育课后服务有关工作［EB/OL］.（2023-12-27）［2023-12-29］. http://www.moe.gov.cn/jyb_xwfb/gzdt_gzdt/s5987/202312/t20231227_1096306.html.

③ 中华人民共和国教育部 . 对十四届全国人大一次会议第 8081 号建议的答复［EB/OL］.（2023-08-23）［2023-12-22］. http://www.moe.gov.cn/jyb_xxgk/xxgk_jyta/jianguansi/202311/t20231121_1091454.html.

课程与资源设计后发布的首个课后服务相关的文件。[①]

总体而言，我国课后服务政策发展经历了 20 世纪 90 年代初的需求导向的初创期、各地方政策试行的发展期，2017 年的国家层面的《意见》出台，明确了政府的责任地位与教育部等各级教育主管部门的监管主体地位后，迎来了规范化发展的关键时期。[②]后续各省政策的陆续出台，也进一步推动了课后服务政策由国家向地方的逐级明确，对我国课后服务独特发展模式的形成至关重要。

而在"双减"政策背景下，课后服务的供给与需求的主体体现出一定的逻辑。[③]在供给主体上，政府因其承担的职责与拥有的资源，是课后服务的重要供给来源。但课后服务在各项国家政策出台的规范化与制度化背景下，其规模也日渐宏大。仅靠政府单一的供给和治理无法提供满足人民群众多层次、多样化的课后服务需求。因此，其主体也从以政府为主逐渐过渡到了"一主多元"的结构，即引入了市场与社会的多方供给。而此供应结构也满足了不同层次的需求。首先，政府与学校保证了课后服务的基本内容补给，如课后服务的时间、内容与质量，有利于中小学校实施各项课后育人活动，满足了人民群众对课后服务在托管、看护和安全服务方面的基本需求。其次是满足了不同学习层级上的学生的差额需求。最后，市场与社会力量的引入也让政府与学校更有力地开展各类科普、文体、艺术、劳动、阅读、兴趣小组及社团活动，培养学生兴趣与特长，满足了学生的个性化与多样化需求。

2.3.2 教育信息化与数字化政策

2018 年 4 月，教育部发布《教育信息化 2.0 行动计划》[④]，提及八项实施行动，包括了数字资源服务普及行动、网络学习空间覆盖行动、数字校园规范建设行动等，充分利用云计算、大数据、人工智能等新技术，构建全方位、全过程、全天候的支撑体系。此举既是顺应智能环境下我国教育发展的必然选择，也是充分激发信息技术革命影响力与生命力的关键举措，为我国课后服务的发展提供了优质的发展环境。

2019 年 2 月中共中央、国务院印发《中国教育现代化 2035》[⑤]，提出加快信息化时代教育变

---

① 中国网. 数字技术如何赋能课后服务提质增效？教育部等四部门联合发文进一步规范![EB/OL].（2024-01-02）[2024-03-21]. http://news.china.com.cn/mts/2024/01/02/content_1189791.htm.

② 屈璐. 我国基础教育课后服务政策嬗变及展望[J]. 现代远距离教育,2019（04）:1419.

③ 李红梅,于洪妍,何苗."双减"背景下课后服务的供给逻辑与治理机制[J]. 中小学教材教学,2023（06）:4-8.

④ 中华人民共和国教育部. 教育信息化 2.0 行动计划.[EB/OL].（2018-04-18）[2023-12-22]. http://www.moe.gov.cn/srcsite/A16/s3342/201804/t20180425_334188.html.

⑤ 新华社. 中共中央、国务院印发《中国教育现代化 2035》[EB/OL].（2019-02-23）[2023-12-22]. https://www.gov.cn/xinwen/2019-02-23/content_5367987.htm.

革，创新教育服务业态，推进教育治理体系和治理能力现代化。同月印发的《加快推进教育现代化实施方案（2018-2022 年）》①则再次提出大力推进教育信息化，着力构建基于信息技术的新型教育教学模式、教育服务供给方式以及教育治理新模式。

2022 年 1 月，国务院印发的《"十四五"数字经济发展规划》②中强调加快推动文化教育、医疗健康、会展旅游、体育健身等领域公共服务资源数字化供给和网络化服务，以促进优质资源共享复用。2022 年同样也是国家教育数字化战略行动的开局之年。2022 年 10 月召开的党的二十大首次将"教育数字化"作为报告的一部分，提出"推进教育数字化，建设全民终身学习型社会，学习型大国"，为教育数字化良好健康的发展奠定了基础。

教育信息化与数字化的发展正逐步推动课后服务朝着更高质量的方向发展，成为推动课后服务创新的关键力量。技术一方面通过人工智能、大数据等新一代互联网技术促进优质教育资源共享，另一方面，也促进课后服务的管理效能得到实质的提高，使课后服务这一民生工程真正实现高标准的"提质增效"。各教育数字化政策的出台为教育数字化转型提供了宝贵的思想引领与财政支持，同时为技术赋能课后服务的路径创新提供了新的视角与思考。

2.3.3 课后服务信息化政策

在课后服务落地的过程中，国家出台了一系列政策以指导课后服务现实诉求与实践之间存在的问题。

2023 年 12 月教育部办公厅发布了《关于进一步规范义务教育课后服务有关工作的通知》③，教育部基础教育司负责人在回答记者相关提问中提到，加快数字化赋能，全面推进优质课后服务教育资源共建共享，有序扩大数字化管理试点应用，提高课后服务管理效能。

以数字化信息化赋能课后服务，可以完整记录学生成长、教师工作、学校育人特色经验。可以帮助教育局更好地统筹整合，助力区域教育优质均衡，优化教育资源配置。同时，全国及地方优质资源的上线覆盖，可拉动更多乡村、偏远及小规模学校课后服务工作的顺利开展；教育资源的进一步激活及有效统筹，加快了区域教育均衡化及特色化发展；地方及学校课后服务

① 新华社．中共中央办公厅、国务院办公厅印发《加快推进教育现代化实施方案（2018-2022 年）》［EB/OL］．（2019-02-23）［2023-12-22］．http://www.moe.gov.cn/jyb_xwfb/gzdt_gzdt/201902/t20190223_370859.html.
② 中华人民共和国国务院．国务院关于印发"十四五"数字经济发展规划的通知［EB/OL］．（2022-01-12）［2023-12-22］．https://www.gov.cn/zhengce/content/2022-01/12/content_5667817.htm.
③ 中华人民共和国教育部办公厅等四部门．教育部办公厅等四部门关于进一步规范义务教育课后服务有关工作的通知［EB/OL］．（2023-12-20）［2023-12-22］．http://www.moe.gov.cn/srcsite/A06/s3321/202401/t20240104_1098002.html.

工作的高质量落实，更加有助于"家—校—社"育人模式的融合。数字技术赋能是课后服务下一步高质量开展的关键路径。

2.3.4　课后服务平台使用与规范政策

课后服务是民生工程，同时也是深入实施教育数字化战略行动，通过数字化赋能课后服务质量提升，助推"双减"全面落地见效的重要载体。为此，教育部组织开展了课后服务信息化地方试点工作，推动数字化赋能，建设全国基础教育管理服务平台，组织开展课后服务数字化管理试点，首批已有 31 个省份、594 个县（区）的 23 206 所学校参与试点，优化学校管理流程，畅通家校沟通渠道[①]。各地遵循"无自建系统则使用国家统一平台、有自建系统则做好数据对接"的工作策略，采取先部分试点、后全面推广的实施步骤，加快推进课后服务信息化管理工作。

在课后服务自建系统的使用中，发现部分地方系统还存在数据结构设计不合理、数据采集指标不规范等问题，不能实现与国家平台的有效对接。为了持续推动实现义务教育学校课后服务信息化管理全覆盖，2022 年 6 月教育部发布《关于推进义务教育学校课后服务信息化管理工作的通知》，要求加快推进义务教育学校课后服务信息化管理工作，力争在 2022 年底基本实现校校全覆盖。

2022 年 9 月，教育部基础教育司发布《关于印发全国中小学管理服务平台课后服务系统数据对接标准的通知》，要求地方自建平台做好自建系统与国家平台数据对接工作，持续推动实现义务教育学校课后服务信息化管理全覆盖。凡通过教育部教育管理信息中心检测的系统平台，符合《全国中小学管理服务平台课后服务系统数据对接标准》要求，可直接启动数据对接工作。

从政策要求来看，全国中小学管理服务平台课后服务模块作为数据中枢，在数据上与区域自建课后服务平台打通，对各地课后服务实施情况进行数据化信息化综合管理。区域可根据实际需求自主建设课后服务平台，但要符合国家平台数据对接标准，及时完成对接，有效上报数据。国家平台的数据对接标准可指导区域自建平台的建设规范；区域自建平台则可为师生提供更加丰富的特色课程及个性化服务，并满足管理者需求，提供管理和决策抓手，提升管理水平。

此外，相关协会与企业也参与了中小学课后服务平台的框架与要求制定。2023 年 5 月，中

---

① 中华人民共和国教育部．教育部基础教育司负责人就《教育部办公厅等四部门关于进一步规范义务教育课后服务有关工作的通知》答记者问［EB/OL］.（2023-12-27）［2024-2-20］. http://www.moe.gov.cn/jyb_xwfb/s271/202312/t20231227_1096307.html.

国教育技术协会发布《中小学课后服务体系第 1 部分：服务平台总体框架和基本要求》[①]，从系统框架、基础设施、应用系统、核心服务等角度阐述了中小学课后服务的系统功能与安全保障。相关政策的出台对课后服务平台的使用与规范有着重要意义，为技术赋能课后服务的持续健康发展提供了重要的平台支撑。

2.4　区域政策解读

《关于做好中小学生课后服务工作的指导意见》指出，要充分发挥中小学校课后服务主渠道作用，学校要主动承担起学生课后服务责任，各地教育行政部门要加强统筹规划，做好协调工作。

在各项国家政策的指导下，各地积极响应，创新探索，加快课后服务数字化赋能，以数字技术改变学生的学、教师的教、学校的管，引领教育变革和治理，重塑教育新生态，实现教师"乐教"，学生"乐学"，学校"乐管"。对课后服务的资源平台建设、项目资源管理加强技术赋能，真正使其"提质增效"。

2.4.1　学生"乐学"：技术赋能资源共享

各区在使用已有的国家教育教学资源平台的基础上，结合云平台与大数据技术，丰富课后服务内容，汇聚优质的数字课程资源，提供资源的深度服务。积极建设本区优秀师资课程资源的平台，使用、共享服务，加强整合线上线下优秀教育资源。教育资源的进一步激活及有效统筹，加快了区域教育均衡化及特色化发展。同时，全国及地方优质资源的上线覆盖，可拉动更多乡村、偏远及小规模学校课后服务工作的顺利开展。

浙江省于 2021 年 8 月 26 日发布了《浙江省教育厅等九部门关于进一步做好义务教育阶段学校课后服务工作的实施意见》[②]。其中明确要求：各地各学校要充分利用国家教育教学资源平台，不断丰富覆盖各年级各学科的学习资源并免费向学生提供，供学生选择学习和自我评测。同时加强地区性教育平台"之江汇"教育广场对优质教育资源的汇聚，并探索以课程服务为主

---

① 中国教育技术协会 . 关于发布《中小学课后服务体系　第 1 部分：服务平台总体框架和基本要求》团体标准的公告［EB/OL］.（2023-04-28）［2023-12-23］. https://www.ttbz.org.cn/Home/Show/54479?eqid= 91f9f8eb000a902f0000000364901180.

② 浙江省教育厅 . 浙江省教育厅等九部门关于进一步做好义务教育阶段学校课后服务工作的实施意见［EB/OL］.（2021-08-26）［2023-12-23］. https://www.zj.gov.cn/art/2021/8/26/art_1229400468_59127697.html.

的"四点半课堂"和答疑解惑为主的"问学名师"线上服务。要教育引导学生合理使用线上学习资源,不得影响正常休息和睡眠。

上海市于 2022 年 1 月 19 日发布《上海市义务教育课后服务工作指南》[①],提出全面贯彻落实国家和本市关于开展义务教育课后服务的工作要求,坚持"愿留尽留"原则,为放学后自愿留校的学生提供免费课后服务。安排作业辅导、德育、阅读、科技、体育、艺术、劳动、安全实训等多种类型的素质教育活动,增强课后服务吸引力,丰富学生课外生活。

在充分用好线下课后服务资源的同时,学校可灵活运用各级政府和社会提供的丰富线上资源,如国家中小学网络云平台、上海市中小学"空中课堂"、上海市学生体育艺术科技教育活动平台、上海市中小学专题教育网络平台等,拓展课后服务的在线教育内容。

江西省于 2023 年 1 月 9 日发布了《江西省义务教育学校课后服务管理实施办法(试行)》[②],提出学校要充分利用在管理、人员、场地、资源等方面的优势,结合实际积极作为,主动承担起学生课后服务责任。

在服务项目上,要求各地各校要围绕德智体美劳"五育"内容,征集和开发丰富优质的线上教育教学资源,积极利用国家中小学智慧教育平台、江西省中小学智慧教育平台、专递课堂、名师课堂、名校网络课堂、智慧作业和各地教育教学资源平台以及优质学校网络平台等,免费向学生提供高质量教育资源。

江西省还提出,学校应为学生提供免费的线上学习服务,要积极创造条件,组织优秀教师录制优质网课、开展免费在线互动交流答疑,帮助学生释疑解惑,但结束时间不得晚于 21:00。要教育引导学生合理用好免费线上优质教育资源,促进优质教育资源共建共享。

2.4.2 教师"乐教":技术赋能课堂管理

技术赋能提高了教师管理效率,促进专业水平提升,为教师"减负提质",有利于课后服务师资队伍的打造。同时,技术的发展丰富学生的学习内容,有助于让学生"乐学"反推教师"乐教",充分调动教师团队的积极性。

全国课后服务信息化管理试点县贵州遵义习水县在区域政策[③]的指导下,利用信息化赋能

① 上海市教育委员会.上海市义务教育课后服务工作指南[EB/OL].(2022-02-16)[2023-12-23].
https://edu.sh.gov.cn/xxgk2_zdgz_jcjy_01/20220216/f90de00dbede4c37a8a51c96ba4341a3.html.
② 江西省教育厅基础教育处.江西省义务教育学校课后服务管理实施办法(试行)[EB/OL].(2023-01-09)[2023-12-23].http://jyt.jiangxi.gov.cn/art/2023/1/9/art_25646_4328188.html?eqid=cb676be80000089c000000066440f5b1.
③ 遵义市大数据发展管理局.习水:信息化赋能课后服务 创建活力校园.[EB/OL].(2022-10-11)[2023-12-23].https://mp.weixin.qq.com/s/l3MYyv3kIemIcyziyUpQzg.

课后服务，让教师更轻松。教师通过手机对课程发布、课程时间、授课场地、班级学情等内容进行随机查阅，形成数据交换对接，有效整理课后服务数据。同时，教师借助平台完成一键打卡、考勤监管、安全管理、综合评价，达到课后服务"一网通办、一网统管"，让教师课后服务更便捷轻松。习水六小充分利用国家中小学智慧教育平台与管理服务平台有效整合课程资源，结合学情，因材施教，提升服务水平，减轻教师工作量，做优教师轻松"点"，让教师轻装上阵。

习水县各中小学通过管理服务平台，让家长对课程安排、服务过程、服务质量等进行综合评价，提出意见建议，让教师有目的地调整更适合学生的服务方式。

2.4.3 学校"乐管"：技术赋能数据整合

以数字化信息化赋能课后服务，有利于详细记录、使用课后服务环境下产生的数据。数据是数字化转型时代学校教育高质量发展的关键要素，将和教材一样重要。

用好、记录好、推广好学校及区域课后服务数据与成果，有利于完整记录学生成长、教师工作、学校育人特色经验，沉淀区域典型案例与特色模式，并有助于进行典型经验的分享与推广，同时，也有利于教育局更好地统筹整合，助力区域教育优质均衡，优化教育资源配置。

深圳市于2021年2月18日印发的《深圳市义务教育阶段学校课后服务实施意见》[①]提到，为全市义务教育阶段中小学生提供安全有序、健康向上、公益普惠、丰富多彩的课后服务，建立健全保障体系和管理机制，为促进学生健康成长、提升学生综合素质提供平台，让广大家长有更多的幸福感和切实的获得感。提出加强信息管理，鼓励区教育行政部门、学校创建课后服务管理信息平台，借助信息技术实现课后服务的项目监督管理，实现社会机构的遴选、管理、服务与绩效评价，实现项目资源信息共享。

① 深圳市教育局.深圳市义务教育阶段学校课后服务实施意见［EB/OL］.（2021-02-22）［2023-12-23］.
http://szeb.sz.gov.cn/home/xxgk/zdlyxxgkzl/zcfgjjd/zcfg/content/post_8562342.html.

第 3 章

CHAPTER 3
数字时代技术赋能课后服务的技术应用

3.1 整体概述

在教育数字化转型的各个时期，教育研究者与实践者都在积极探索技术变革教育乃至重塑教育的内在机理和外在形式。各种新兴技术如人工智能、大数据、虚拟现实和物联网等，有望重塑传统的教与学模式，正在为课后服务带来巨大机遇。这些技术不仅丰富了课后服务的形式和内容，还提高了课后服务的效率和个性化程度。学生和家长对课后服务的需求日益增长，技术应用逐渐成为课后服务的重要组成部分。

从学校使用的数字化技术类别分析，本次调查共收集了 161 份学校管理者问卷，问卷统计结果显示，有 75.16% 的学校在课后服务中使用数字化技术，其中使用的数字化技术主要有社交平台、线上会议平台、虚拟现实或增强现实、人工智能、大数据、区块链、云计算、物联网、元宇宙。使用数字化技术的学校中，76.03% 的学校在课后服务中使用社交平台（如微信、qq 等）；61.16% 的学校在课后服务中使用线上会议平台（如腾讯会议等）；23.14% 的学校在课后服务中使用虚拟现实或增强现实；39.67% 的学校在课后服务中使用人工智能；38.02% 的学校在课后服务中使用大数据；6.61% 的学校在课后服务中使用区块链；9.09% 的学校在课后服务中使用云计算；10.74% 的学校在课后服务中使用物联网；3.31% 的学校在课后服务中使用元宇宙。（见图 3.1-1）

技术赋能课后服务的主要技术，包括互联网和移动技术、人工智能与大数据、虚拟现实与增强现实、云计算与物联网。这些技术的集成和应用对提升课后服务的质量和效率至关重要。

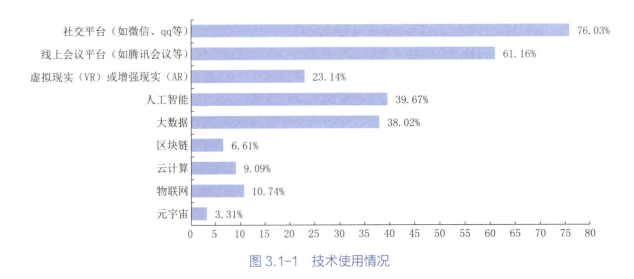

图 3.1-1　技术使用情况

从技术应用的课程类型分析，问卷统计结果显示 96.69% 的学校在作业支持或辅导类、学科辅导类、语言素养类、艺术和创意类、体育和健康类、科技和编程类以及社会实践和公益类等课后服务类别中使用了数字化技术，不同类别的课后服务中数字化技术的使用率存在显著差异。其中作业支持或辅导类的数字化技术使用率最高，占比为 71.07%。社会实践和公益类的数字化技术使用率最低，占比为 24.79%，这可能是因为这类服务更注重实践和社区参与，数字化技术的使用相对较少。（见图 3.1-2）因此，如何将数字化技术与这类服务的特性相结合，是学校需要进一步探索的问题。

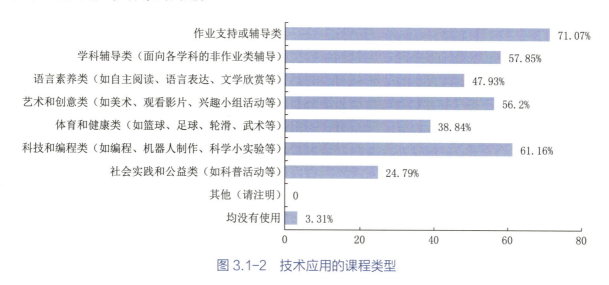

图 3.1-2　技术应用的课程类型

3.2　技术赋能课后服务应用的主要维度

3.2.1　技术赋能课后服务的空间

在数字时代，互联网和移动技术为课后服务提供了广阔的在线学习空间。通过移动设备，学生可以在任何地点、任何时间访问在线课程、学习资源和学习工具，打破了传统的教室和课程时间的限制。移动应用、在线论坛和社交媒体平台为学生提供了实时互动和学习的机会，有助于培养学生的自主学习和协作学习能力。同时，移动设备和互联网也使得教师能够更加便捷地发布作业、评估学生表现、与学生进行沟通，提高了教学管理的效率。

人工智能与大数据技术的应用为课后服务提供了个性化、智能化的学习空间。人工智能系统可以根据学生的学习历史、兴趣和能力，为学生定制适合的学习资源和计划，支持学生实现个性化学习。教师通过大数据分析，能更准确地掌握学生的学习需求、遇到的难题和进步情况，进而为每个学生提供有针对性的指导和支持。此外，人工智能与大数据的结合还可以辅助教师预测学生的学习趋势和未来的学业表现，为教学决策提供强有力的数据支持。

虚拟现实与增强现实技术为课后服务提供了沉浸式、交互式的学习空间。问卷统计结果显示，16.46% 家长表示自己的孩子在校外进行的课后服务中，接触到了 VR 和 AR 设备；17.76%

的教师表示自己所在学校的课后服务，使用过云端虚拟实验室。VR 和 AR 技术常用于构建虚拟教室、虚拟实验室等教育教学环境，能够创造出沉浸式的学习体验，激发了学生的学习兴趣和创造力，促使他们更主动地参与学习活动。VR 和 AR 技术具有能将抽象的学习内容可视化、形象化的特性，支持学生在虚拟学习环境下完成情景式学习，并使用自然方式与学习对象完成交互。VR 和 AR 技术的可视化特点使抽象的学习内容变得直观易懂，这两项技术也支持学生在虚拟环境中进行情景学习，并以自然的方式与学习内容进行交互。利用虚拟现实技术，学生能够在模拟的环境中进行实际操作和实验，从而更深入地理解和掌握知识。教师也可以借助这些技术，针对特定教学目标构建专属的虚拟教学场景，提供更沉浸、更具有互动性的学习体验。例如，学生可以利用 AR 技术，在家中"游览"博物馆、历史遗迹或科学实验室，通过这种互动学习方式，增加学习的趣味性、提升学习效果。

云计算和物联网技术能根据实际需求为学校构建数字化平台，可以协助学校完成数据处理、资源共享和大规模数据管理等方面工作，从而提高教学质量、降低教育成本。通过云计算技术，学校可以构建一个集中式、可扩展的数据中心，实现各类资源的动态管理和高效利用。这意味着无论是课程资源、学习工具还是教师指导，都可以根据学生的实际需求进行快速配置和优化。同时，云计算的实时数据分析和处理能力，使学校能够更好地完成智慧校园建设。物联网技术的应用则进一步丰富了智慧空间的内涵。通过物联网设备，学校可以实时监测学生的学习状态和环境变化，为个性化学习提供更加精准的指导。物联网技术也使学校能够更加高效地进行设备管理和环境控制，提高资源的利用效率和学生的学习体验。举例来说，教师可以借助智能手环等穿戴式设备来跟踪学生的健康状况和学习进展，以便及时调整教学方法，更好地满足学生的个性化学习需求。

3.2.2 技术赋能课后服务的管理

在教育数字化转型战略的驱动下，数字技术在课后服务的管理中发挥着越来越重要的作用。从平台建设到选课排课，再到费用管理，各项先进的技术正在不断地提高课后服务管理的效率和质量。

互联网和移动技术为课后服务管理提供了便捷、高效的解决方案。通过建设在线平台，学校可以集中管理各类课后服务资源，为学生提供一站式的选课、排课和学习服务。根据问卷数据显示，参与孩子学校课后服务项目时，72.11% 的家长接触到了学校官方平台（学校网站或教育平台），48.33% 的家长接触到了线上会议平台（如腾讯会议、钉钉），46.24% 的家长接触到了社交平台（微信或 QQ），45.41% 的家长接触到了在线学习平台（第三方或合作平台），同时也有 9.7% 的家长没有接触任何数字化平台。移动设备的普及使得学生可以随时随地查看课程安排、学习资源

和成绩信息，提高了信息的透明度和可访问性，大幅简化了学校的管理工作。（见图 3.2-1）

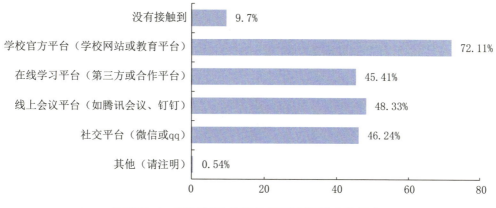

图 3.2-1　家长接触的学校课后服务数字化平台

人工智能与大数据技术的应用为课后服务管理带来了智能化、精细化的变革。通过大数据分析，学校可以深入了解学生的需求和兴趣，为课后服务提供个性化的课程推荐和资源配置。同时，人工智能可以帮助学校优化选课排课算法，提高课程安排的合理性和满意度。在费用管理方面，人工智能可以实时监测和分析学生的消费行为和支付习惯，为学校提供更加精准的费用预测和决策支持。

虚拟现实与增强现实技术为课后服务管理提供了全新的交互体验。目前，一些学校已积极引入 VR 和 AR 技术，将其用于提升本校的课后服务水平，问卷结果显示 23.14% 的学校管理者指出其所在学校在课后服务的过程中采用了 VR 或 AR 技术。通过虚拟现实技术，学校可以为学生创建沉浸式的学习环境，提供更加真实、生动的学习体验。同时，在选课排课方面，虚拟现实技术可以模拟教室环境和课堂氛围，帮助学生更好地选择适合自己的课程。

云计算和物联网技术的应用可以实现教育基础设施和管理的数字化，连接各种系统和终端，实现集中的平台一体化管理。集中的平台管理使得家长可以参与到孩子的学习过程中，了解教育的最新动态和方法，协同教育力量。通过云计算平台，家长能够更深入地参与孩子的学习过程，及时掌握教育的新趋势和教学方法，实现家校共育。云计算平台的应用确保了数据的集中存储与处理，同时加强了数据的安全性和可靠性。物联网技术的引入，使学校能够对学生的学习活动和设备运行状况进行实时监控，提供精确的管理和调整方案。在成本控制方面，物联网技术通过远程监控设备，有效降低了维护成本，提升了资源使用的效率。

问卷统计结果显示，85.95% 的学校管理者同意或者非常同意大数据、人工智能等新技术有助于学校课后服务的开展，12.40% 的学校管理者持中立态度，仅 1.65% 的学校管理者非常不同意大数据、人工智能等新技术有助于学校课后服务的开展。（见图 3.2-2）绝大多数学校管理者认同这些新技术对课后服务的积极作用，认可人工智能与大数据技术成为课后服务管理的重要工具。然而，这些技术在实际应用中仍面临一些挑战，如数据安全和隐私保护、技术更新和维护等。因此，学校在引入这些技术时需要充分考虑其可行性和可持续性，确保技术能够真正为课后服务管理带来积极的影响。

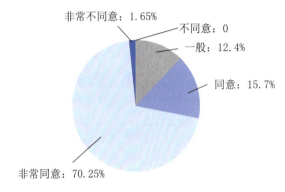

图 3.2-2 学校管理者对新技术赋能学校课后服务开展的态度

3.2.3 技术赋能课后服务的课程

数字化技术正在不断提高课后服务课程的质量，这些技术不仅丰富了课程内容，还改变了课程的呈现方式和学生的学习体验。问卷调查显示，50.23% 的教师使用数字化技术时，主要应用其中的数字课程资源，用于支持课程的数字化转型。数字技术正在重新定义课后服务课程的形式。

问卷调查显示，73.43% 的学校使用课程视频作为课后服务课程资源，66.69% 的学校使用在线电子教材作为课后服务课程资源，54.63% 的学校使用电子书籍、文章作为课后服务课程资源，42.84% 的学校使用习题测验作为课后服务课程资源，21.00% 的学校使用虚拟实验作为课后服务课程资源。（见图 3.2-3）

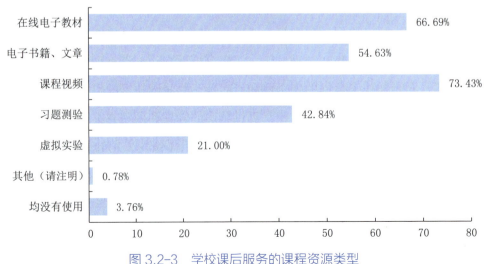

图 3.2-3 学校课后服务的课程资源类型

互联网和移动技术的广泛应用打破了传统课后服务课程的时间和空间限制，学生可以随时随地访问在线课程和学习资源，自主学习和协作学习慕课、微课等多种形式的课程。同时，互联网和移动技术还支持在线互动和实时反馈，加强了师生之间的交流和互动，提高了学生的学习效果。移动设备和应用程序的普及使得学生可以更加方便地参与课程活动和完成作业，提高了学习的便捷性和灵活性。

人工智能与大数据技术的应用为课后服务课程带来了革命性的个性化和智能化改进。这些技术通过深入分析学生的学习行为和兴趣，能够推荐和定制适合每个学生的学习材料和课程，以满足每个学生独特的学习需求。同时，在课程内容的创建上，人工智能技术支持教师进行更高效的教学规划和课程设计，从而提升教学内容的品质和开发速度。应用 AR 和 VR 技术，课后服务课程得以提供一种全新的学习方式，即沉浸式和互动式体验。学生得以通过 VR 技术，开展模拟实验，这样的沉浸式体验不仅能唤起学生对学习的热情，还能有效提升学习成效。问卷统计结果显示，25.14% 的学生参与的校内课后服务使用了虚拟实验的课程资源，30.90% 的学生参与的校外课后服务使用了虚拟实验的课程资源。通过 VR 和 AR 技术，学生能够与全虚拟的学习环境或虚拟信息和真实世界相结合的学习环境进行交互，获得实时的辅助指导和信息提示，例如学生可以使用 AR 眼镜在化学实验室中进行实验，虚拟实验室实时显示化学反应的过程和结果，提供操作指导和安全提示；在科技馆的课后服务课程中，学生可以通过 AR 技术观看三维模型、进行科学实验，加深对科学知识的理解和应用。云计算与物联网技术的应用为课后服务课程提供了丰富的云资源和多种云服务支持。在这样的技术支持下，学生能够接触到更广泛的教育资源，享受到更为全面和个性化的学习体验，有效提升学习成效。云平台使学校能够集中存储课程资源，并实现资源共享，确保资源的高效利用和便捷获取，还支持学生同时在线访问和协作，提高了课后教育的协作性和教学效率。此外，物联网技术的应用，能够对学生的学习进度和教学设备的运行状态进行实时监控，为学校提供精确的管理和调整方案。举例来说，在与科技馆联动的课后教育项目中，物联网技术能够远程监控教学设备，确保教学活动的顺畅进行和学生安全。

3.2.4　技术赋能课后服务的教学

在教育领域，数字化技术的应用已经成为一种趋势，它不仅改变了教师的教学方式，也为学生的学习方法带来了革命性的变化。随着信息技术的不断进步，教育工作者和学习者都在探索如何利用这些新工具来提高教学质量和学习效率。近期的一项问卷调查揭示了数字化技术在教育中的广泛应用情况，展示了教师如何利用这些技术来支持教学，以及如何通过这些工具促进学生的探究学习。

互联网和移动技术为教师提供了丰富的在线教学资源，使得教师可以轻松地整合线上线下教学，形成混合式教学模式。这种模式下，教师可以灵活地组织教学，根据教学目标灵活选择不同的教学模式，满足学生的个性化需求。学生也可以通过移动设备随时随地进行自主学习，培养独立解决问题的能力。

人工智能和大数据技术能够为教师提供实时的数据分析，帮助他们了解学生的学习状况，并根据学生的个性化需求提供定制化的建议。这不仅有助于教师优化教学方法，还能提升整体的教学质量。同时，人工智能和大数据技术也为教学设计和课程开发提供了强有力的支持，减轻了教师的工作负担，提高了备课的效率。随着技术的发展，未来的教学模式将更加多元，可能会出现如"人教机辅"或"机教人辅"等新型教学模式。在这一进程中，人工智能和大数据将扮演着至关重要的角色，成为学习过程中的重要引导者和助手。虚拟现实与增强现实技术为教学提供了沉浸式的学习体验，有助于激发学生的学习兴趣和探究欲望。问卷统计结果显示，21.00% 的教师所在学校在课后服务的过程中采用了 VR 或 AR 技术。通过 VR 技术，学生可以在模拟的虚拟环境中进行实践操作和实验，增强对知识的理解和掌握。AR 技术，它通过将虚拟信息融入到现实世界中，为学生带来了更加直观和生动的教学内容。这不仅激发了学生的学习兴趣和探索欲，还有助于培养他们的实践技能和创新能力。

云计算与物联网技术可以通过跨终端进行数据采集、信息挖掘分析等，记录学生的学习轨迹，从而推动个性化学习，更快更好推动符合素质教育要求的课后服务发展。数字化平台可以根据学生在数字化学习过程中积累的学习数据，如学习需求和水平，定制具有针对性的虚拟场景和个性化内容，帮助学生更好地理解和掌握知识。物联网技术则可以实时监测学生的学习情况和设备状态，为教师提供更加精准的教学反馈和建议。这种技术有助于提高教学的针对性和有效性。问卷统计结果显示，8.55% 的教师所在学校在课后服务的过程中使用了云计算，6.80% 的教师所在学校在课后服务的过程中使用了物联网技术。（见图 3.2-4）

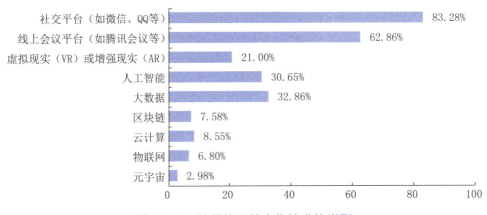

图 3.2-4　教师使用数字化技术的类型

3.2.5 技术赋能课后服务的评价

传统的评价方式往往依赖于人工操作和主观判断，存在效率低下和准确性不足的问题。数字时代技术的应用为课后服务评价提供了强有力的支持，使得评价更加客观、准确和高效。

互联网和移动技术为课后服务的评价提供了便捷、高效的数据收集和处理方式。通过这些技术，学校可以轻松地收集学生的学习数据、作业完成情况、在线互动情况等信息，形成全面的学习档案。同时，学校还可以通过在线问卷、投票等方式收集学生和家长的反馈意见，及时了解课后服务的效果和质量。问卷统计结果显示，39.79% 的教师使用数字化技术主要作为作业工具，支持学生作业管理或批改；39.6% 的教师使用数字化技术主要作为评价工具，支持学生智慧评价或测试；30.59% 的教师使用数字化技术主要作为分享工具，支持学生分享观点或作品等。（见图 3.2-5）这种基于数据的作业批改—分享展示—智慧评价的方式提高了评价的客观性和准确性，有助于学校更好地改进和优化课后服务。

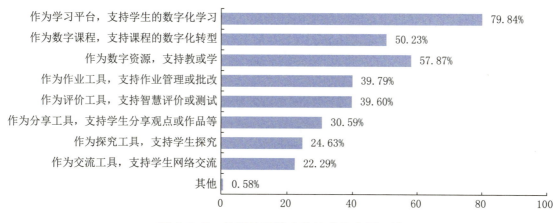

图 3.2-5 教师使用数字化技术的主要用途

人工智能与大数据技术的应用为课后服务的评价带来了智能化、精细化的变革。通过大数据分析，学校可以深入了解学生的学习情况和需求，对课后服务进行更加精准的评价。同时，人工智能可以辅助学校进行数据挖掘和分析，发现教学中的问题和不足，为课后服务提供改进建议。大数据技术可以实时监测学生的学习行为和习惯，发现学生的学习问题和需求，为学校管理提供更加精准的改进方向，人工智能辅助学校进行课程质量评估和教师教学评价，提高了评价的效率和准确性。

虚拟现实与增强现实技术的应用为课后服务的评价提供了全新的视角和体验。通过沉浸式技术，学生可以身临其境地体验各种虚拟场景和模拟实验，可以获得各种各样的虚拟奖品、数字徽章等，学生和教师在虚拟环境中，能够进行更加直观、生动、富有想象力的评价。同时，学校可以通过虚拟现实和增强现实技术创建交互式评价环境，让学生在游戏中进行评价，提高评价的趣味性和参与度。

云计算与物联网技术的应用为课后服务的评价提供了稳定、可靠的技术支撑。通过云计算平台，学校可以实现评价数据的集中存储和处理，保障数据的安全性和可用性。同时，云计算还支持多用户并发访问和在线协作，提高了课后服务评价的效率和协同性。物联网技术则可以实时监测学生的学习情况和设备状态，为学校提供更加精准的评价依据和建议。

3.2.6 技术赋能课后服务的沟通

在课后服务领域，沟通是连接学校、教师和家长之间的桥梁，对于提高教学效果和促进家校合作具有重要作用。问卷统计结果显示，22.29% 的教师使用数字化技术作为交流工具，支持学生网络交流。这些数字化技术使学校、教师和家长之间建立了紧密的联系和合作关系，为课后服务的沟通带来了全新的变革，使得沟通更加便捷、高效和个性化。

互联网和移动技术为课后服务的沟通提供了实时、便捷的渠道。通过这些技术，学校可以建立家校互动平台，实现信息的即时传递和共享。家长可以通过手机或电脑随时了解孩子的学习情况、作业完成情况等，并与教师进行在线交流和讨论。问卷统计结果显示，83.28% 的学校在课后服务的过程中使用社交平台（如微信、QQ 等），62.86% 的学校在课后服务的过程中使用线上会议平台（如腾讯会议等）。这种基于互联网的沟通方式打破了时间和空间的限制，提高了沟通的效率和便捷性。

人工智能与大数据技术的应用为课后服务的沟通带来了智能化和个性化的变革。通过分析学生的学习数据和家长的反馈意见，人工智能可以为教师提供个性化的教学建议和沟通策略，帮助教师更好地与家长沟通。同时，大数据技术可以实时监测家校互动的情况和趋势，为学校提供更加精准的决策依据。此外，人工智能还可以辅助学校进行舆情分析和危机应对，提高沟通的针对性和有效性。问卷统计结果显示，30.65% 的学校在课后服务的过程中使用人工智能，32.86% 的学校在课后服务的过程中使用大数据。

虚拟现实与增强现实技术的应用为课后服务的沟通提供了全新的体验和互动性。通过这些技术，学校可以建立虚拟教室或虚拟展馆，让家长身临其境地体验孩子的学习环境和课程内容。同时，学校还可以利用增强现实技术为家长提供更加直观和生动的学习成果展示，增强家长对孩子学习成果的认同感和满意度。问卷统计结果显示，21.00% 的学校在课后服务的过程中使用了虚拟现实（VR）或增强现实（AR）。这种基于虚拟现实与增强现实的沟通方式不仅提高了沟通的互动性和趣味性，还有助于加强家校之间的信任和合作。

云计算与物联网技术的应用为课后服务的沟通提供了稳定、可靠的技术支撑。通过云计算平台，学校可以实现家校互动数据的集中存储和处理，保障数据的安全性和可用性。同时，云计算还支持多用户并发访问和在线协作，提高了沟通的协同性和效率。物联网技术则可以实时监测学生的学习情况和设备状态，为学校提供更加精准的家校沟通数据和改进建议。问卷统计结果显示，8.55% 的学校在课后服务的过程中使用了云计算，6.80% 的学校在课后服务的过程中使用了物联网。这种基于云计算和物联网的沟通方式有助于提高沟通的及时性和有效性，推动家校合作的深入发展。（见图 3.2-4）

3.3　典型案例分析

3.3.1　江苏省南京市南湖第二中学的课后服务实践

3.3.1.1　案例概述

江苏省南京市南湖第二中学为弥补课堂集体教学无法兼顾所有学生、教师个别化辅导时间零散、初中生学习差异大、辅导效果欠佳等不足，每天"第七节课"设置"双减"课程：个别指导教学课。借助信息技术手段促使教师精准教、学生精准学；依托平台研发使用，进行多师课堂的秩序管理；通过家长端的信息对接，家校合作进一步加强。这种有目的、有计划、有侧重点的课后服务在市区各级活动中进行了汇报交流及展示，供区域内其他学校借鉴。

面对课后服务工作亟待解决的新问题，学校聘请专家驻点指导，课后服务管理团队外出学习、考察调研，全体教师开会研讨、集思广益，最终决定自主设计研发个别指导教学平台，结合数据分析报告，建立精准化教学集体备课的范式，利用大数据为课后服务"保驾护航"。（见图 3.3-1）

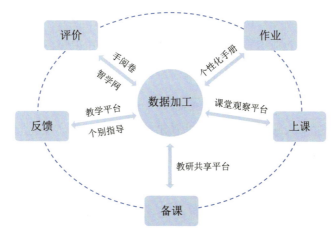

图 3.3-1　个别指导教学平台系统设计

1. 整合各平台数据落实学情精准定位

学校根据学科特点，引进不同的平台软件，例如：数学学科基于悠数学平台对学生个别指导的课前测数据反馈，有针对性地设计课后服务个别指导的教学内容；英语学科借助 E 听说平台，对学生个性听说读写跟踪分析；数学、物理学科使用"个性化学习手册"，建立个人学习档案，根据每个学生的知识薄弱点推送相关的习题，供学生在课后服务时间进行分层训练，为每一位学生量身定制了专属的个性化学习方案。

2. 教研共享平台助力跨学科精准集备

"第七节课"是"双减"政策下课后服务课堂教学的新样态，从单科辅导到多师指导，课堂形式发生变化。多科教师同时进班引发了别样的"跨学科联动"，不仅同学科课后服务指导内容需要集体备课，同一节课不同学科学生分组名单的相互协调、每位任课教师同一课堂上角色的定位、个别指导的先后顺序等内容都需要借助伯索课堂观察平台和研课软件进行跨学科教师联动，班级教育教学管理共同体自然形成，给予学生知识支持的同时，情感补偿成为教师共研的话题。

3. 课堂观察平台指引"第七节课"精准教学

"第七节课"以解决学生常态课或作业中出现的学习问题为教学目标，与以新知讲授为目标的常态教学课在教学内容、教学形式上迥然不同，更倾向于让教师成为倾听者，将课堂还给学生，让学生多说多练，这需要借助课堂观察平台的大数据呈现，对教师讲解、学生练习、师生及生生互动等环节的时间分配进行合理规划，为"第七节课"的精准教学提供数据支持。

4. 信息技术平台确保评价精准实施

学校借助智学网的手阅卷功能，对日常学业数据采集分析，精准定位学生知识点掌握薄弱处和最优学习区。备课组以此为抓手集体研讨，利用"第七节课"分层指导，小组共性讲解与个别单独面批相结合，借助大数据背景下的精准教学系统，帮助教师分析学生知识点的掌握情况，诊断班级知识点掌握薄弱处，聚焦个辅讲评重点，合理规划学习路径，借助信息技术，减少无效的机械式训练，实施个别指导，为提高作业效率扫清知识障碍。

5. 研发创新平台保障课堂有序管理

个别指导教学平台设置教师端、教室端、家长端（见图 3.3-2）。教师在教室端主页面签到，平台自动考勤，通过个人账号教师用手机登录小程序，制订"第七节课"指导内容、确定小组名单，信息同步到教室大屏，学生通过教室触屏，选择准备情况，平台自动在相关学科下方将学生排序，避免出现多生同时选一师，或一生同时被多师选的混乱局面。平台借鉴医院"叫号预约"系统进行课堂秩序管理，课后服务过程中，教师根据学生掌握情况，通过手机端实时指定"小先生"协助其个别指导，大屏会及时将"小先生"的任命、负责对象、指导内容

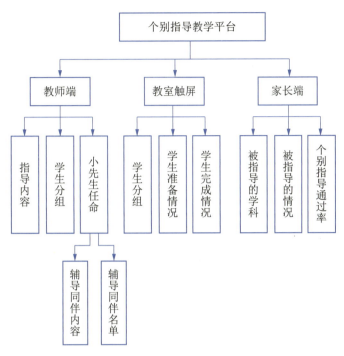

图 3.3-2　个别指导教学平台三个端口

全部呈现。家长登录平台，可及时了解孩子"第七节课"学习状态，感受到"双减"政策不仅减轻了学生负担，更提高了学生的学习效率，从而促进家校合力。个别指导教学平台的研发和使用，保障了课后服务多师课堂的秩序管理。

3.3.1.2　案例点评

学校目前的个别指导平台仅是课堂管理的手段，如何打通个别指导平台与智学网平台，后台自动匹配学生阶段性个性化辅导情况，产生学生学情自画像，使教师和家长能够通过手机端及教室电脑分析出学生知识点掌握的曲线图谱，指导教师精准教、学生个性学，尚需进一步探索。在智慧点燃"大数据"引擎、精准赋能"个性化"发展道路上，学校力求为每一位学生的高品质学习精准护航，努力实现每一位南湖二中学子的幸福生长。

3.3.2　上海市新场实验中学的课后服务实践

3.3.2.1　案例概述 [①]

为全面贯彻落实国家和本市关于开展义务教育课后服务的工作要求，上海市浦东新区新场实验中学在建立健全课后服务的各项工作制度同时，运用信息化技术辅助课后服务工作，采用

---

① 上海浦东教育.【课后服务】技术赋能管理　提升服务成效：上海市浦东新区新场实验中学落实学生课后服务的有效实践［EB/OL］.（2023-11-16）[2023-12-23]. https://mp.weixin.qq.com/s?__biz=MzI0O TA5OTk5MQ==&mid=2651761351&idx=4&sn=1f55f1c50996960b44dd9e95ed82c80d&chksm=f26ca97f c51b20695d64d834d49cf979dcdc00454bdb6875da6f66b1f7153f22b47e95a6b76e&scene=27.

PHP+Mysql 技术，编写课后服务管理平台，实现了学校课后服务的准确高效管理。（1）高效及时的数据收集，保证学生参与自由。为了及时了解学生的参与情况，保证学生的选择自由，学校采取线上报名的方式，每个学生注册校园网账号后可通过微信二维码或登录学校网站进行报名，学校根据报名结果打印学生名册，方便教师进行管理。（2）灵活妥善的教师安排，提升课后服务质量。新场实验中学的课后服务分为"作业点"和"社团活动"两大板块。"作业点"由学科老师负责，以便及时解决学生在学习上遇到的问题。老师也可以利用这段时间对学生进行个别辅导，还可以与学生交流谈心，解决学生成长中的难题，让课后服务做到有实效、有温情。学校还提供丰富的社团活动，为学生发展兴趣提供了优质平台。"社团活动"多种多样，艺术类的有芭蕾形体、民族舞等；体育类的有篮球、乒乓球等；还有科学类、娱乐类、文学类等多种课程任学生选择，力求发掘学生各方面的才能，丰富学生的在校生活。社团报名采用了学生在固定时间内登录平台，在线填报的方式。为了合理安排教师工作，新场实验中学在众安路校区和笋南路校区分别安排教师负责课后服务信息平台管理，通过课后服务信息平台了解教师的任教情况和课后服务安排情况，给教师安排适合的岗位，并对偶然变动进行及时修改，保证"班班有教师，课课有交代。"学校还应用 Linux 的定时进程，每天下午 5:10，微信公众号会自动给第二天参加课后服务的老师发送提醒消息，保证教师及时到岗。（3）数据的转结与保存，提高课后服务效率。学校可根据某一周的课后服务安排规律，自动生成下月的课后服务安排。这种做法极大减少了工作量，只用一分钟，就可以解决一个月的课程安排问题。平台还具有统计功能，能统计每位老师参加课后服务的次数和社团活动的次数，并将数据永久保存，给每次课后服务留下过程性材料。

3.3.2.2 案例点评

上海市浦东新区新场实验中学通过建立课后服务管理平台，运用信息化技术，成功实现了课后服务的高效管理和学生参与自由。

学生可以通过线上报名，自主选择参与课后服务，并通过微信二维码或学校网站进行报名。这种方式有效地提高了数据收集的及时性和准确性，为教师提供了方便的管理工具。新场实验中学的课后服务分为"作业点"和"社团活动"两大板块。作业点由学科老师负责，可以及时解决学生在学习上遇到的问题，同时进行个别辅导和心理交流。社团活动丰富多样，涵盖艺术、体育、科学等不同领域，有助于发掘学生的兴趣和潜能。这种灵活妥善的教师安排和多元化的服务内容，提高了课后服务的质量和吸引力。新场实验中学通过课后服务信息平台，实现了对教师任教情况和课后服务安排的管理。采用定时进程和微信提醒功能，确保教师及时到岗。此外，平台还具备统计功能，可以记录和保存每位教师参与课后服务和社团活动的次数，为评估和改进提供了依据。综合来看，这个案例展示了上海市浦东新区新场实验中学在开展义务教育课后服务方面的积极探索和创新。通过技术赋能和灵活的管理方式，该校有效提高了课后服务的质量和管理效率，促进了学生的全面发展。然而，仍需关注课后服务效果的评估和学生的反馈意见，吸收有益意见以不断提升课后服务的整体水平。

3.3.3　河南省信阳市羊山实验小学的课后服务实践

3.3.3.1　案例概述

"双减"政策实施以来，减负增效已成为新时代教育发展的新趋势。河南省信阳市羊山实验小学积极探索创新路径，充分挖掘和利用智慧教育平台优质资源并与学生的课后服务有效结合，探索并推广了"课后服务＋德育""课后服务＋经典阅读""课后服务＋艺术类课程"等形式多样、内容丰富的课后服务课程体系，整合和优化了教育资源，提高了学校课后服务的质量和效率，优化了学生的学习体验，增强了学习效果，促进了家校合作和沟通。

国家中小学智慧教育平台提供了非常多的优质教育资源，极大地丰富了学校课后服务的内容与形式。学校根据学生多样化需求，重新组合平台资源，如"课后服务＋德育""课后服务＋经典阅读""课后服务＋艺术类课程"等，通过开展丰富多彩的阅读、劳动、科普、社会实践等活动，丰富学生的课后服务学习方式。

1. 课后服务 + 德育

德育教育在学校教育工作中处于首要地位，是学校实施素质教育的重要一环。该平台将德育教育置于十大核心板块之首，凸显了德育教育重要性。德育教育涵盖了"党史学习""爱国主义""宪法法治""品德教育""思政课程""优秀传统文化""生命与安全""心理健康"和"生态文明"九大子领域。每个子领域都有进一步细分的领域，提供了丰富的内容，充分满足了学校在德育方面的教学需求。这种全面而细致的分类体现了平台对培养学生全面发展的深刻理解和承诺。（见图 3.3-3）

学校利用平台德育资源，结合学生特点和活动需要，采用线上或线下的方式，利用平台工具和平台资源对学生进行德育教育，并开展相关德育活动。首先是确定主题，把九个主题按周次排好课表，每周三的课后服务都围绕主题展开德育教育。其次，主题确定后，教师在平台上精心选择所需资源。资源可以在德育子板块中根据主题直接选取，也可以通过关键字检索，选择其他板

图 3.3-3　国家中小学智慧教育平台德育板块

块的资源作为补充。线下活动时，教师可以利用双师课堂模式，通过平台为学生播放视频、文章等资源，对学生进行思想教育，并且定期组织学生开展主题班会、演讲、知识竞赛等形式多样的活动。（见表 3.3-1）

表 3.3-1　羊山实验小学秋季课后服务德育课程安排

2023 年秋季课后服务德育课程安排
时间：每周三下午课后服务

周次	德育类别	德育主题	图　示	网　址
第 1 周	品德教育	强国复兴有我		https://basic.smartedu.cn/sedu/detail?contentType=assets_video&contentId=193f450e-8e40-4403-8923-95a663af11a1&catalogType=sedu&subCatalog=pdjy
第 2 周	生命与安全	珍爱生命预防溺水告知书（学生篇）		https://basic.smartedu.cn/sedu/detail?contentType=x_audio_video&contentId=6d6299d8-6047-4e7d-9c38-c26f63f55ba3&catalogType=sedu&subCatalog=snyaq
第 3 周	党史学习	新中国成立		https://basic.smartedu.cn/sedu/detail?contentType=x_article&contentId=61ab9b19-9288-4010-8400-0688854b9890&catalogType=sedu&subCatalog=dsxx
第 4 周	优秀传统文化	"取长补短"：学会吸取别人的长处		https://basic.smartedu.cn/sedu/detail?contentType=assets_document&contentId=b2264730-adf6-40bb-af56-37331983b1e6&catalogType=sedu&subCatalog=yxctwh
第 5 周	心理健康	心情难过时，我们怎么办？		https://basic.smartedu.cn/sedu/detail?contentType=x_audio_video&contentId=425ab298-9c63-4c87-97ed-be8d2d682a54&catalogType=sedu&subCatalog=xljk

（续表）

周次	德育类别	德育主题	图　　示	网　　址
第 6 周	宪法法治	宪法法律护我成长	宪法法律护我成长	https://basic.smartedu.cn/sedu/detail?contentType=assets_video&contentId=381aa03f-e50e-4f94-8d9d-d7ff2e02b4b3&catalogType=sedu&subCatalog=xffz
第 7 周	生命与安全	珍爱生命健康成长（按年级选素材）	健康成长课堂 神奇的生命	https://basic.smartedu.cn/sedu/smyaq/catalog
第 8 周	爱国主义	初心与使命系列：建党伟业	薪火相传	https://basic.smartedu.cn/sedu/detail?contentType=x_audio_video&contentId=12dd8d70-5521-4a17-af73-fa5dd5e7addf&catalogType=sedu&subCatalog=agzy

2. 课后服务＋经典阅读

为激发学生阅读兴趣、提升学生阅读能力、培养学生人文科学素养和陶冶学生道德情操，开展经典阅读成为落实"双减"、开展好课后服务的重要形式之一。

以前，学校常常因为阅读场地受限、阅读材料受限、学生阅读能力欠缺专业指导等因素导致经典阅读类课后服务效果不佳。自从将"课后服务＋经典阅读"推广以来，语文教师充分利用平台优质资源进行经典阅读、师生共读，通过每周一次的"课后服务＋经典阅读"活动，不断提高学生阅读能力。教师根据经典阅读活动的需要，在平台课后服务板块中的经典阅读栏目选取相应的阅读材料，在开展课后服务时，教师在课堂中或通过平台向学生发布阅读任务，明确在阅读活动结束后预期的学习成果，实现校内校外、课上课下阅读活动的衔接，并且教师会定期组织学生开展读书交流分享活动、故事分享会、阅读小报展示等多种形式的交流展示活动，开阔学生的视野，促进表达能力提升。（见图 3.3-4 至图 3.3-7）

3. 课后服务＋艺术类课程

艺术教育由于其专业性强，对优质专业资源的需求更加迫切。在该平台中，文化艺术服务项目特设了文化素养、艺术特长、艺术展演等三大子模块，覆盖了书法、摄影、诗词、线上博物馆、非遗文化等多元化的视频资源。这些建设性资源为学校提供了实施艺术教育的坚实支撑。针对艺术技能类的课后服务，教师在精心选取相应内容后为学生推送平台指定专题的视

图 3.3-4 课后服务期间教师带领学生一起进行经典共读

图 3.3-5 课后服务期间教师带领学生开展读书交流分享活动

图 3.3-6 课后服务期间教师带领学生开展故事分享会

图 3.3-7　教师带领学生定期开展读书小报展示活动

频，学生在视频的指导下通过模仿、练习、创作等环节，学习相关艺术技能。除此之外，在艺术活动的"艺术展演"板块中，教师可以为学生播放平台中全国各地艺术类精彩演出，组织学生观看，引导学生对相关内容进行总结交流，分享收获，并组织学生围绕相关内容进行创作表演，展现学生的风采。（见图 3.3-8 至图 3.3-10）

图 3.3-8　国家中小学智慧教育平台　课后服务　文化艺术栏目

图 3.3-9　羊山实验小学学生在课后服务期间学习戏曲文化

图 3.3-10　羊山实验小学学生在课后服务期间学习书法课程

3.3.3.2　案例点评

学校的探索，在以下几个方面起到了很好的效果。

1. 整合和优化了教育资源

通过智能化整合和优化课后服务资源、整合和优化学校、家庭、社区等各方面的教育资源，提高资源利用效率和服务质量，为学生的全面发展提供更加优质的教育环境。

2. 提高了课后服务的质量和效率

学校通过应用平台的智能化管理、在线教学、远程辅导等，提供更加便捷、高效、个性化的课后服务，满足学生多样化的学习需求，提高了课后服务的质量和效率。（见图 3.3-11）

图 3.3-11　教师利用国家智慧教育平台进行多样化教学

3. 增强了学生的学习体验

学校通过整合资源，充分利用平台资源，挖掘各领域课程资源，极大地丰富了学生的课后服务内容及形式，学生的学习兴趣得到了很大的提高，并且通过平台大数据分析和云计算技术，可以实时监测学生的学习进度和效果，为教师提供科学、客观的教学反馈，帮助学生和教师及时发现和解决学习中的问题，增强了学生的学习体验和效果。

4. 促进了家校合作和沟通

学校通过平台建立家校互动和反馈机制，增强了家长对学校课后服务的了解和支持，促进了家校之间的合作和沟通，提高了家长参与度，共同促进学生的全面发展，为有效开展课后服务提供了最优化、科学化、精准化的决策支持。

3.3.4　吉林省通榆县第八中学的课后服务实践

3.3.4.1　案例概述

吉林省通榆县第八中学校隶属于通榆县开通镇，是一所城乡接合部独立初中，现有 18 个教学班，940 名学生，学生生源主要为农村家庭子女，学校现有教师 100 人，具有艺术专长的教师 6 人。根据目前的师资力量，要改善仅有作业指导的课后服务现状确实不易。要全面开展各类活动，如自主阅读、体育运动、艺术创作、科学探索、休闲游戏、拓展训练、社团组织、兴趣小组、为学生准备电影观赏等，更是一项挑战。2022 年，国家推出的中小学智慧教育平台（简称"平台"）新增了课后服务功能，提供了精心遴选制作的包括视频、电子书、学习任务单等在内的丰富学习资源，这为学校开设高质量课后服务提供了精品优质的资源支持，从根本上解决了学校师资紧张、课后服务内容单一的问题。也正是在这样的背景下，通榆县第八中学在开展课后服务过程中，引入了平台中的优质资源，切实丰富了课后服务内容，提升了学校课后服务品位，满足了学生全面发展的需要。技术赋能课后服务主要有以下应用：经典阅读——激发学生阅读兴趣；体育活动——提升学生体育素养；艺术教育——提升学生艺术素养。

3.3.4.2　案例点评

通过实践，学校课后服务的困局破解了，在今后的课后服务实践探索中，学校应继续鼓励教师们依托平台开展课后服务，共享优质的资源，以此缩小乡村教育与发达地区教育的差距，让农村学生也能享受到最好的资源、最好的教育，在"双减"工作中，不断汇聚"互联网 + 教育"的智慧，真正实现减负提质的目标，促进学生健康、全面发展。

3.3.5　虚拟实验平台在课后服务中的应用

3.3.5.1　案例概述

在"双减"政策下，数字化平台可以作为课后服务的有力补充和延伸，为学生提供更加多样化、个性化的学习资源和活动。因此，信息技术的发展为实验教学注入了新的活力。虚拟实验室作为信息技术与教育教学的有机结合，为小学科学教学课堂带来了崭新的方法与形式。它打破了传统课堂的时空限制，为学生提供了更加灵活、个性化的学习体验。特别是在课后服务时段，学生可以利用计算机设备进入中央电化教育馆（以下简称"央馆"）虚拟实验平台，实现人人动手操作、人人探究实验的目标，从而弥补了课堂实验的不足，提升了学生的实践能力和科学素养。

虚拟实验平台可以为学生提供一种安全、低成本、可重复的实验环境，可以在课后服务中发挥重要作用。以下是一些赋能课后服务的方式：

1. 弥补课堂实验的不足

在课堂上，由于时间、场地、器材等因素的限制，往往无法完成所有的实验。虚拟实验平台可以提供更多的实验项目和实验机会，让学生能够在课后继续进行实验，弥补课堂实验的不足。例如在四年级上册学完《设计制作小车》后，学生如果想要进一步设计更高级的小车，就

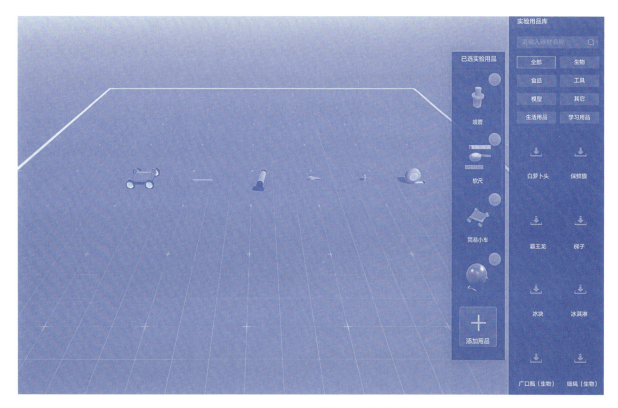

图 3.3-12　3D 自主设计实验运行界面

可以利用虚拟平台中 3D 自主设计实验的版块（如图 3.3-12）进行自主设计，弥补了课堂材料不足、时间不够的不足。应用虚拟实验平台，在解决工程技术实验时也很有帮助。虚拟实验教学平台还可以模拟工程技术实验，帮助学生了解工程技术的实际应用。学生可以通过虚拟实验了解机械机构的设计和运动原理，提高机械设计能力。例如在六年级下册学习"小小工程师"单元时，学生对于工程设计的内容比较陌生，这方面的知识就可以在课后服务中运用虚拟实验平台中的网络资源和实拍视频进行学习，从而加深对工程设计的理解。学完"小小工程师"单元，在课后服务时间里，运用 3D 仿真测试，可以让学生自主设计并建造塔台。通过虚拟平台可以自创实验，同时可以对实验材料进行丰富的想象，突破学校里场地、经费、工具的限制，给予学生充分的发散空间，允许学生选择更富有想象力的材料进行设计。学生完成设计后再进行虚拟搭建，可以进一步应用所学知识，将塔台搭建得稳固、美观，在课后服务过程中对课程的深度进行延展。

2. 提高学生自主探究能力

虚拟实验平台可以为学生提供自主探究的机会，学生可以在平台上进行实验，观察实验现象，分析实验结果，从而得出结论。这样的探究过程可以培养学生的独立思考能力和解决问题的能力。以学习三年级上册《空气有质量吗》一课为例，在课后服务时间里学生运用了央馆虚

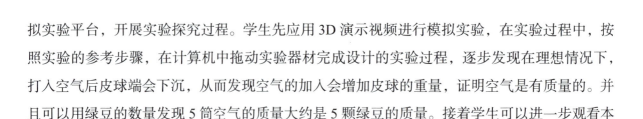

拟实验平台，开展实验探究过程。学生先应用 3D 演示视频进行模拟实验，在实验过程中，按照实验的参考步骤，在计算机中拖动实验器材完成设计的实验过程，逐步发现在理想情况下，打入空气后皮球端会下沉，从而发现空气的加入会增加皮球的重量，证明空气是有质量的。并且可以用绿豆的数量发现 5 筒空气的质量大约是 5 颗绿豆的质量。接着学生可以进一步观看本课相关的实拍视频，发现更多空气有质量的例子，充分理解空气有质量这一特点。

3. 增强学生学习兴趣

虚拟实验平台可以通过多媒体技术、交互式界面等手段，将实验过程生动形象地展示给学生，增强学生的学习兴趣和参与度。同时，学生可以在平台上进行互动交流，分享自己的实验经验和心得，提高学习效果。几乎所有的课程，在虚拟平台上都有实拍视频。学生可以观看实拍视频，学习更多的科学知识。例如学完《心脏和血液》一课，学生在课后服务时间就可以观看本课的实拍视频，进一步了解人体内真正的心脏是如何跳动的，心脏又是如何实现血液循环的，进一步提升学生学习科学、探索科学奥秘的兴趣。

4. 提高课后复习效率

在课后复习中，学生可以通过虚拟实验平台回顾课堂上的实验内容，加深对知识点的理解和记忆。同时，学生还可以在平台上进行拓展性学习，提高自己的学习能力和综合素质。在课后服务时间内，学生还可以借助 AI 助教，出题检验本课的知识点和实验环节的掌握情况，帮助自己反复练习。

3.3.5.2　案例点评

随着"双减"政策的推行，学生在校时间有所减少，对课后服务的需求显著增强。在这一背景下，虚拟实验教学系统作为一种创新的教学方式崭露头角。该系统通过提供灵活且个性化的学习体验，帮助学生深化对知识的理解，从而有效提高了他们的学习成效。

第 4 章

CHAPTER 4
数字时代技术赋能课后服务领域的
发展

4.1 数字时代技术赋能课后服务领域的背景

4.1.1 社会需求

通过第七次全国人口普查和前两年人口变动情况抽样调查来看，中国的人口结构随着经济社会发展确实也出现了很多深刻变化，比如出生率下降、人口老龄化加快，总的人口数量也在发生变化，2022 年人口总量第一次出现负增长[①]。随着适龄儿童人口的缩减，教育体系及其选拔机制有望经历变革。在此背景下，注重学生个体发展规律的全人教育和定制化教学模式的重要性日益凸显，其实施的可行性亦随之增强。与此同时，社会正在经历一场数字化转型浪潮。随着社会的数字化转型，教育领域逐渐成为数字技术创新的重要领域。社会对于提升教育质量和实现个性化学习的需求推动了数字时代技术在课后服务领域的广泛应用。这一趋势为我国教育现代化提供了契机，数字时代技术的介入成为教育体系升级的重要动力之一。

从国家层面来看，课后服务的转型得到了政策的明确支持。在《关于规范面向中小学生的非学科类校外培训的意见》及《关于做好中小学生课后服务工作的指导意见》两份文件的引导下，课后服务逐渐确立了其在素质教育中的主导地位。同时，"双减"政策的实施，也对校外学科类培训提出了新的挑战，促使校内课后服务成为实现"双减"政策目标的关键平台。问卷统计结果显示，57.81% 的家长认识到课后服务的必要性，并支持学校利用数字化技术来开展课后服务工作，期望通过这一服务满足"照看孩子写作业""提高综合素养""进行社交互动"等需求。（见图 4.1-1）

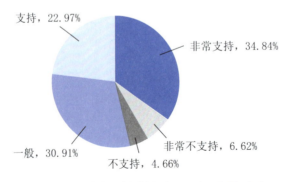

图 4.1-1 家长对学校组织课后服务的态度

由此，课后服务已成为承接素质教育、"双减"落地、家长需求的集合体。而数字时代技

---

① 国家统计局.国家统计局副局长就 2023 年前三季度国民经济运行情况答记者问.（2023-10-28）
［2023-12-23］. https://www.stats.gov.cn/sj/sjjd/202310/t20231018_1943691.html.

术的介入使得课后服务更加高效便捷，同时满足了家长对于个性化教育、素质教育的期待，为教育领域的可持续发展开辟了新的可能性。

4.1.2　政策发展

中国课后服务领域的政策驱动特征明显，经历了需求酝酿探索、规范普及、保障提效的三个阶段，收费规范也从明令禁止走向获准普及。

在初步的需求酝酿、地方探索阶段，20 世纪 90 年代，应试教育的弊端逐渐凸显，素质教育推进力度逐渐加大，1993 年，国家教委颁布了《关于减轻义务教育阶段学生过重课业负担、全面提高教育质量的指示》[①]，中小学减负问题的治理逐步落地。2009 年，教育部颁布《关于加强中小学管理规范办学行为的指导意见》[②]，减负环节中的重要环节"在校时间不得超过 6 小时"逐步落实，"3 点半难题"迅速出现，课后服务的需求逐渐被激发出来。2009 年至 2016 年间，各地政府进入自行探索阶段。如 2010 年，上海市颁布《上海市教育委员会关于进一步做好本市小学生放学后看护工作的通知》[③]；2016 年，湖北省颁布《关于开展小学生课后在校托管服务的指导意见（试行）》[④]。

2017 年开始，课后服务领域迈入了一个以原则确立和规范化普及为特征的新发展阶段。在这一阶段，确立了三大核心原则——即"自愿参与""公益普惠"和"育人为本"，并对课后服务的收费和覆盖率等关键指标设定了标准，推动了课后服务的规范化和普及化进程。同年 2 月，教育部办公厅发布了《教育部办公厅关于做好中小学生课后服务工作的指导意见》，正式将课后服务纳入国家政策体系，并明确了其三大基本原则，为课后服务的长远发展奠定了坚实的基础。2018 年 8 月，国务院办公厅颁布《国务院办公厅关于规范校外培训机构发展的意见》，为向家长收取部分费用提供了政策依据。2020 年 8 月，教育部等五部门联合颁布《关于进一步加强和规范教育收费管理的意见》[⑤]，提出针对家长收费部分遵守"自愿与非营利原则"。2021 年

① 中华人民共和国国家教育委员会 . 关于减轻义务教育阶段学生过重课业负担、全面提高教育质量的指示 [J]. 人民教育，1993（05）：14-15.

② 中华人民共和国教育部 . 关于当前加强中小学管理规范办学行为的指导意见 [J]. 中华人民共和国国务院公报，2009（24）：13-16.

③ 上海市教育委员会 . 关于做好本市小学生放学后看护工作的通知 [EB/OL].（2010-04-23）[2023-12-23]. http://edu.sh.gov.cn/xxgk2_zhzw_zcwj_02/20201015/v2-0015-gw_402152010002.html.

④ 湖北省教育厅 . 省教育厅　省物价局关于开展小学生课后在校托管服务的指导意见（试行）[EB/OL].（2016-09-08）[2023-12-23]. https://jyt.hubei.gov.cn/zfxxgk/zc_GK2020/gfxwj_GK2020/201609/t20160908_1661520.shtml.

⑤ 中华人民共和国教育部等 . 教育部　发展改革委　财政部　市场监管总局　新闻出版署印发《关于进一步加强和规范教育收费管理的意见》的通知 [J]. 中华人民共和国国务院公报，2020（30）：55-59.

7月，教育部办公厅召开通气会"介绍义务教育课后服务和暑期托管服务工作有关情况"，强调各地课后服务应做到全面覆盖。①

2021 年 7 月，"双减"政策的实施标志着课后服务迈入了一个以提升质量为核心的新阶段。该政策进一步明确了课后服务内容的多样化需求，并对如何有效利用社会资源提出了具体要求。当前，我国课后服务行业的发展方向聚焦于确保服务的质量和效率，以满足教育改革的深层次需求②。"双减"政策要求满足学生多元化需求，提升支撑保障能力，强调提升课后服务水平③。2022 年 12 月，教育部等十三部门联合发布《关于规范面向中小学生的非学科类校外培训的意见》，明确提出应统筹利用社会资源，引进社会力量，积极聘请退休教师等人士参与支持课后服务工作④。2023 年 5 月，经国务院批准，提高了义务教育学校生均公用经费基准定额，提高经费保障，支持学校落实"双减"，提升课后服务水平⑤。2023 年 5 月，教育部等十八部门联合颁布《关于加强新时代中小学科学教育工作的意见》，明确提出将科学教育纳入课后服务中⑥。

4.1.3　技术支持

技术对课后服务发展的驱动作用，主要来自于支持与需求两方面的合力。

从已有技术支持来看，在硬件设备方面，教室中的硬件设备在技术的推动下不断更新迭代，创新设备的使用提升了学生的交互体验和素质类课程的感知能力。具体来说，大屏白板、学习平板、教育机器人等硬件，承载多元化、数字化内容，提供丰富多样的交互形态，有效提升学生对素质类课程的感知能力与沉浸度；在软件方面，LMS 管理系统、教育云平台的成熟

---

① 中华人民共和国教育部.新闻通气会：介绍义务教育课后服务和暑期托管服务工作有关情况〔EB/OL〕.（2021-07-13）〔2023-12-23〕. http://www.moe.gov.cn/jyb_xwfb/xw_fbh/moe_2606/2021/tqh_210713/.

② 中华人民共和国教育部.教育部办公厅关于支持探索开展暑期托管服务的通知〔EB/OL〕.（2021-07-08）〔2023-12-23〕. http://www.moe.gov.cn/srcsite/A06/s3321/202107/t20210708_543210.html.

③ 中共中央办公厅，国务院办公厅.《关于进一步减轻义务教育阶段学生作业负担和校外培训负担的意见》〔EB/OL〕.（2021-07-24）〔2023-12-23〕. http://www.moe.gov.cn/jyb_xxgk/moe_1777/moe_1778/202107/t20210724_546576.html.

④ 中华人民共和国教育部.教育部等十三部门关于规范面向中小学生的非学科类校外培训的意见〔EB/OL〕.（2022-12-28）〔2023-12-23〕. http://www.moe.gov.cn/srcsite/A29/202212/t20221229_1036959.html.

⑤ 中华人民共和国财政部.中央财政深入贯彻落实党的二十大精神　支持提高义务教育学校公用经费保障水平〔EB/OL〕.（2023-05-07）〔2023-12-23〕. https://www.gov.cn/lianbo/2023-05/07/content_5754454.htm.

⑥ 中华人民共和国教育部，等.教育部等十八部门关于加强新时代中小学科学教育工作的意见〔EB/OL〕.（2023-05-26）〔2023-12-23〕. http://www.moe.gov.cn/srcsite/A29/202305/t20230529_1061838.html.

应用为课后服务的信息化发展奠定了良好的基础。具体来说，LMS 管理系统满足教育局、学校、老师、家长、学生多端沟通、数据共享等课后服务管理需求。教育云平台提供丰富的数字资源，支撑课后服务的课程开展；在基础技术方面，AI、大模型等技术的发展，推动课后服务因材施教的私人助教逐步接近现实；音视频直播技术推动课后服务场景下优质教学资源的公平普惠。

从时代技术发展需求来看，课后服务的信息化与教育的数字化转型不仅是大势所趋，也得到了国家财政政策的明确支持和倾斜。此外，国家对"课后服务信息化"的推进提出了更为严格的标准，包括数据整合、平台架构等方面的规范化要求，以确保该领域的健康发展与高效运作。2019 年 2 月中共中央办公厅、国务院办公厅印发的《加快推进教育现代化实施方案（2018—2022）》中明确要求，各级政府应将不少于 8% 的教育经费列支教育信息化。2022 年 5 月颁布的《推进义务教育学校课后服务信息化管理工作的通知》要求利用信息化赋能课后服务质量提升，加快推进义务教育学校课后服务信息化管理工作，力争在 2022 年底前基本实现课后服务信息化管理全校覆盖。而在 2022 年 10 月召开的党的二十大中也明确提出要推进教育数字化，并提供财政倾斜。2022 年 9 月，教育部基础教育司发布《全国中小学管理服务平台课后服务系统数据对接标准（试行）》的通知，要求地方自建平台要遵循标准，做好数据对接和上报。2023 年 5 月，中国教育技术协会发布《中小学课后服务体系 第 1 部分：服务平台总体框架和基本要求》，相关课程及课后服务整体评价标准也在持续编写中。

4.2 数字时代技术赋能课后服务领域的整体情况

4.2.1 整体概况

"中小学课后服务体系"依据课后服务实际实施场景和支撑要素，数字时代课后服务完整的系统框架包括基础设施、应用系统、核心服务、服务用户、评价体系、技术规范与安全体系六大部分，如图 4.2-1。

其中，"基础设施"指开展课后服务所需的核心基础设施，包括网络、服务器、数据服务和相关业务系统。"应用系统"指面向不同角色开展课后服务活动时，系统平台所需满足的功能项。"核心服务"指基于课后服务平台功能，向学校提供的核心服务项目，包括资源服务、教务服务、培训服务。"服务用户"指满足不同角色在不同终端环境下接入应用，包括计算机

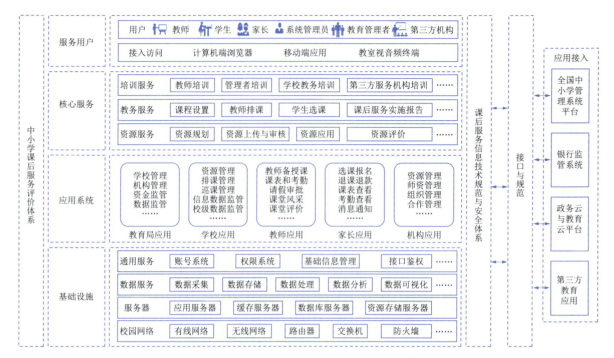

图 4.2-1　中小学课后服务系统框架 ①

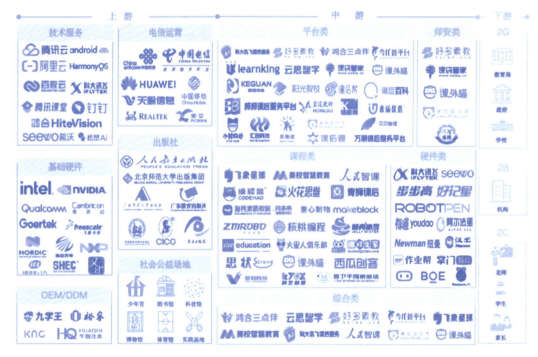

图 4.2-2　2023 年全球课后服务行业图谱 ②

① 中国教育技术协会.《中小学课后服务体系框架　第 1 部分：基本要求》(征求意见稿)［EB/OL］.
(2023-04-28)［2023-12-23］. https://www.ttbz.org.cn/upload/file/20221222/6380732379276340058471341.pdf.

② 艾瑞咨询.《2023 年全球课后服务行业报告》［EB/OL］.(2023-06-28)［2023-12-23］. https://www.
iresearch.com.cn/Detail/report?id=4203&isfree=0.

终端、移动终端、教室视音频终端。"评价体系"指面向课后全场景全要素的评价所形成的评价指标，可为教育管理者、学校提供评价参考。"技术规范与安全体系"指支持全国中小学管理系统平台课后服务模块、银行系统、教育云平台、第三方教育应用接入。

据研究，整个课后服务行业产业链的开始端包括技术服务、电信运营、基础硬件、出版社、原始设备制造商 / 原始设计制造商（OEM/ODM）、社会公益场地。中游的机构可分成五大类，分别是平台类、师资类、课程类、硬件类和综合类。下游的服务主体分为三类，G 端的教育局、政府、学校；B 端的机构以及 C 端的老师、学生、家长。（见图 4.2-2）

4.2.2　服务形态

从服务主体说，中小学校在课后服务中发挥了主渠道作用，学校享有师资、场地等资源优势，是课后服务核心的主导者和组织者。学校在素质教育课程资源的开发、师资队伍的建设以及信息平台的完善等方面存在一定的局限性。与此同时，第三方机构在课程设计、平台系统构建以及包括师资在内的综合运营服务等方面展现出了极强的专业能力和显著的优势。与此同时，少年宫、青少年活动中心、研学旅行实践教育基地等校外社会活动场所也是课后服务主体的一部分。

服务对象涉及几类角色：教育主管部门、学校、机构、老师、家长、学生。课后服务的场景需求非常多元，不同角色的场景需求不同。据科大讯飞课后服务总经理在中关村互联网教育创新中心特别支持的 2022 第六届蓝鲸教育大会上分析，教育主管部门追求"五育"并举，让学生德智体美劳全面发展，需要的是督导评价、决策参考、数据支持等。学校的管理压力相对较大，需求上更侧重管理方面，比如说教务管理、走班排课、教师考勤等等。老师层面，作为承担课后服务的真正主体，对学生评价、课时结算、考勤打卡、绩效荣誉等等都有相应的需求。而家长则希望在有限时间内获得更高质量的教育，这就要求校内课后服务可以提供更加丰富多元的课程、更有效的家校沟通等等[①]。

把这些对象的需求聚合归类后发现，可以大致分为三类：平台需求、课程资源类需求以及服务类需求。做课后服务的机构，都是提供平台、课程和服务，只不过不同机构各有侧重。首先是课程内容方面，以人民智课、飞象星球、乐高等为代表的企业提供德、智、体、美、劳"五育"并举课程、社团活动、作业辅导、心理健康等课程内容。这些内容的组合方式有 1+X（普惠托管 + 个性化课程）、三段式（学习时刻 + 自主时刻 + 温馨时刻）等。其次是师资服务，以好多素教为代表的第三方机构提供对接、培养、管理校外师资；培训、服务、管理校内师资

---

① 李晓枫 . 课后服务，"双减"高质量落地的重要支点［EB/OL］.（2022-12-26）［2023-12-23］. https://new.qq.com/rain/a/20221226A01UQA00.

服务。最后是平台运营，以科大讯飞、鸿合科技为代表的企业提供面向多端的课后服务管理平台和多维度、多时段的数据运营服务。

在服务方式上，从供给方视角来看，第三方机构可提供垂直服务、一体集成方案或提供集成方案的一部分；从需求方视角来看，校内课后服务部分区域统筹招标和单校招采模式并存，校外家长与学生可以自主选择或定制课标范围之外的培训内容。总体来说，服务方式兼顾了规模化普及与个性化发展。

4.2.3 商业模式

当前课后服务领域尚处于发展初期，从垂直服务视角分析，课程内容进校、平台运营布局以及师资服务对接均处于初步的市场开拓阶段。在资金受限、运作规则尚不明确的情况下，通过遵循校内公益普惠的原则，提供课程资源和内容，借此建立用户口碑。同样，各平台也通过免费开放账号、提供无偿课程资源等运营手段，逐步培养学校和用户对平台及品牌的依赖，进而推动后续收费项目，以实现盈利。值得注意的是，尽管赢得用户信任、培养用户使用习惯并谋求长期盈利的策略具有有效性，但在当前，这种模式可能面临一定的政策挑战。

师资服务侧重运营策略，包括自营与平台两种模式。自营模式注重服务流程的完整性，涵盖简历筛选、面试评估、师资培育及对接等各个环节，确保质量把控的严格性。而平台模式则倾向于轻量级服务，通过合作伙伴、第三方等渠道，快速响应校企需求，这对稳定的师资来源和教师专业素养提出了更高的要求。垂直服务更多地依赖于与学校的紧密合作关系，而综合服务的成功则更多地取决于与生态伙伴的协同。这通常需要一家在资源或渠道方面具有优势的企业来主导综合服务方案的制订与实施。

此外，课后服务因其显著的地域性特点和线下服务数字化水平不足，使一些远程的头部企业面临服务覆盖难的问题。各学校周边存在大量本土的课后服务机构，这类机构凭借其特色服务以及高效便捷的进校离场优势，能够在需要时迅速响应，提供稳定的长期服务。这类机构在灵活性和适应性方面表现出色，能够在本地市场占据一席之地。然而，与大型企业相比，它们在跨地区运营、教研能力和高质量课程保障方面存在局限。因此，专业集成类企业与地方特色类企业在服务规模、教研质量、地域适应性等方面存在互补空间。若能有效结合双方优势，或将形成有效的商业模式，满足学校对高质量课后服务资源的全面需求，包括优质的课程资源、智能化的平台运营以及高素质的教师团队。

4.2.4 总体区域情况

根据教育部 2022 年公布的数据，有 92% 以上的学生自愿参加了课后服务，88.3% 的学生表示喜欢学校的课后服务 [①]。根据各地区的统计数据，70% 的区域课后服务的学生参与率超过了 90%，表明整体参与度较高。然而，从区域分布的角度观察，东南沿海及经济较为发达的地区，例如山东、浙江、广东和广西，学生参与率相对较低。相比之下，甘肃、重庆、四川、云南和贵州等中西部地区的学生参与率则相对较高 [②]。这种现象可能与经济发达地区教育资源的丰富性有关。在这些地区，家长拥有更多的选择权，因此可以选择校外提供的高质量、个性化的课后服务。而在中西部地区，由于优质教育资源相对匮乏，校内课后服务的公益普惠特性更能满足家长和学生的基本需求。

4.3 校内课后服务领域的发展

随着科技的不断更新迭代和社会的快速变革，校内课后服务领域正面临前所未有的机遇和挑战。传统的教育模式在数字时代面临着革命性的改变，而校内课后服务作为教育体系中的重要一环，也迎来了数字化和技术赋能的大潮流。校内课后服务领域的发展已不再局限于传统的教学范式，而是积极拥抱先进技术，通过数字化手段提供更为智能、个性化的服务。从人工智能、大数据到云计算，技术的不断渗透为校内课后服务注入了新的活力，也为教育的未来描绘了更为丰富的蓝图。在这一大背景下，我们将深入剖析技术的推动力，揭示数字化转型的实质，以及数字化技术对校内课后服务的深远影响，期望为教育创新、服务优化以及学生发展提供更为全面深入的认识，推动校内课后服务领域实现更为可持续的发展。

4.3.1 技术赋能校内课后服务

人工智能技术在校内课后服务中的应用日益普及，通过智能化教育辅助系统，能够实现个性化教学、智能作业批改等，提高教学效率，使学生取得更好的学习成果。大数据技术为校内课后服务提供了强大支持，通过分析学生学习数据，机构可以更好地了解学生的学科偏好和学习习惯，为定制个性化教学计划提供科学依据。云计算平台的广泛应用也使得课后服务可以实现跨地域、跨平台的资源共享和协同工作，提高教育资源的利用效率，为学生提供更多元化的学习资源。

---

① 中华人民共和国教育部 . 对十四届全国人大一次会议第 8081 号建议的答复 [EB/OL]. (2023-08-23) [2023-12-23]. http://www.moe.gov.cn/jyb_xxgk/xxgk_jyta/jianguansi/202311/t20231121_1091454.html.

② 艾瑞咨询 .《2023 年全球课后服务行业报告》[EB/OL]. (2023-06-28) [2023-12-23]. https://www.iresearch.com.cn/Detail/report?id= 4203&isfree=0.

以基于规模化因材施教的作业管理"芜湖模式"为例。该模式通过"互联网＋教育"大平台建设，夯实数据基座和智能中台，构建智慧课堂、学业评价、大数据分析与反馈、自主学习、智慧管理、智慧教研六大系统为一体的数据应用分析支撑体系。应用数据在教师、学生、家长、管理者之间形成流通，为教育现代化管理和决策提供依据；为教师作业设计、作业布置、作业收集、作业评价、作业智能推送提供支撑；为学生作业的即时评价、阶段性评价、终结性评价、增量评价提供可视结果；为家长参与学生成长提供个性报告，形成数据—决策实施—数据—反思改进的作业管理闭环。（见图 4.3-1）

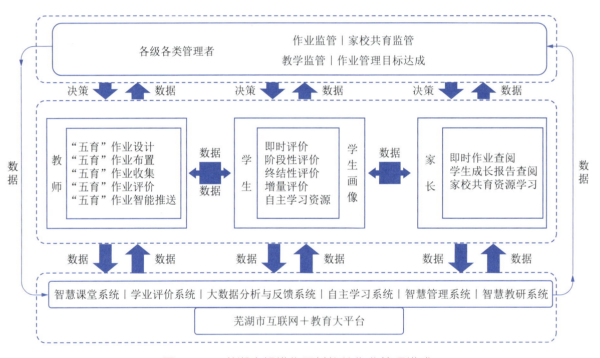

图 4.3-1　芜湖市规模化因材施教作业管理模式

4.3.2　校内课后服务技术赋能的模式

教育数字化转型使得校内课后服务能够更灵活地发布和管理在线课程，为学生提供多样化的、便捷的学习选择，同时也拓展了课程的覆盖面。以基于规模化因材施教的作业管理芜湖模式为例。以新基建建设契机为背景，以"五育"并举大资源体系建设为目标，芜湖市建设了面向教师、学生、家长的区域资源中心，构建市、县（市）区、校一体化优质资源池，集资源建设、资源管理和资源应用于一体，为师生课前、课中和课后数字化的教与学提供有效支撑，实现教育资源管理的信息化，缩小教育数字鸿沟。通过鼓励全市教师共建共享，充分沉淀区域教学资源，通过加工教辅及强化作业教研等方式形成本地化优质资源库和区、校本作业库；通过资源购买形式补充优质作业资源。在此基础上，区域教研室集结骨干教师加强作业设计，通过精选、改编、创编符合本地学情的作业库，提升作业有效性和针对性。当前，芜湖市智慧教育平台已容纳包含"五育"等各类教育教学资源 20 多万种，并不断总结经验，逐步扩展"云课"的学科、年级和学段，扩大优质资源的覆盖面。目前，已向全市中小学生推送约 6 000 节教学视频，实现了以"德智体美劳"为核心，初、高中和小学高年级基础性学科"云课"资源全覆盖，满足了不同层次学生对优质资源的学习需求，受到社会的广泛好评。同时，"阳光云课"（见图 4.3-2）作为免费优质的课程资源，为芜湖市推进"三心工程"之"爱心托管"提供资源服务。

图 4.3-2　阳光云课资源

　　通过数字化手段，校内课后服务能够更全面、客观地评估学生学科知识点掌握情况，为学生提供个性化的评价和改进建议，推动教学过程的优化。芜湖模式，通过智慧课堂平台，学生利用移动终端完成练习内容，通过拍照上传系统，实现作业收集。客观题由系统自动批改，主观题可由学生拍照作答上传，教师可按题批改或按学生批改，系统自动输出批改报告。教师可以根据班级学生得分情况设置主观题的订正标准，得分率低于订正标准的练习自动打回，学生重新修订，教师再次进行批改。教师可以查看班级练习提交情况、学生情况、学生的知识点掌握情况以及答题情况，其中学生情况不仅包含班级最高分、最低分、平均分、平均用时等基础信息，还包括全体学生的整体得分率、客观题得分率、主观题得分率、练习用时等指标，知识点掌握情况包括每个知识点的分值及班级得分率。基于班级整体学情，教师可针对性优化教学策略，从而实现课堂教学效率的整体提升。

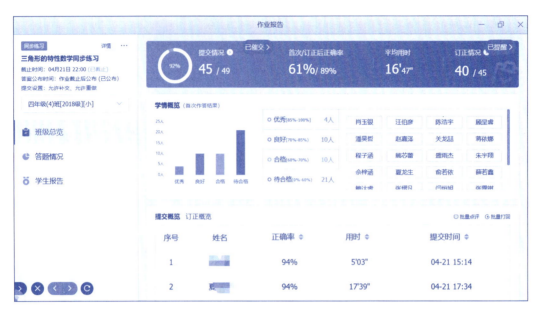

图4.3-3 芜湖智慧教育平台作业中心数据统计

基于学生作业数据管理，芜湖市围绕立德树人，在学生评价方面引导学生全面而有个性地发展。学业评价系统（见图4.3-3）可汇聚学生"德智体美劳五育"数据并进行分析，勾勒学生个人和区域群体的综合素质评价画像，多维度呈现区域内学生综合素质评价的总体水平、突出特长和薄弱项，为教育改革与发展提供决策依据。

同时，芜湖智慧教育平台对师生电子档案进行升级改造，同步学生个人画像，利用技术手段，在自然情景中采集学生全面发展的全过程性数据。通过写实记录和数据分析相结合的方式，在评价内容多样性的基础上实现对学生学习和发展过程的评价，真实地展现学生的发展过程，引导、鼓励和促进学生的全面发展；通过汇集学生思想品德、学业水平、身心健康、艺术素养和社会实践等"五育"纬度数据形成评价结果，让学生本人、家长及教师及时、全面地了解学生综合素质的发展水平，实现对评价对象的多维度、全过程、立体式考查。

数字化转型促进家校互动平台的建设，通过在线平台和移动应用，家长可以更方便地跟踪孩子的学习进度和表现，同时也便于跟教师进行交流和反馈，共同关心学生的学业发展。基于规模化因材施教的作业管理芜湖模式的全面实施，全市逐步探索出作业管理体系的典型经验，形成学生、家长、教师、教育主管部门多角色良性互动的作业新生态。

4.3.3　技术赋能校内课后服务的影响

在推进新一轮教育数字化转型和部署教育新基建的进程中，校内课后服务也迎来了深刻的变革。首先是教学质量得到了提升。数字化技术的引入使得校内课后服务能够更好地量化和分析学生的学习表现，通过智能教育平台和学习管理系统，教师可以实时监测学生的学习进展、弱项和优势，从而有针对性地调整教学策略。这种个性化的关注和指导确保每位学生都能够在适应自己学习节奏的情况下充分理解和掌握知识，有助于提升教学质量。其次是教学过程得到了优化。数字化技术为教学过程提供了更多的灵活性和互动性，在线教学平台和虚拟教室使得学生能够随时随地参与学习，而教师则可以更灵活地设计和调整教学内容。同时，通过大数据分析，教育机构能够对教学过程深刻洞察，进而进行持续的改进。这种教学过程的优化不仅提高了效率，也创造了更具吸引力和创意性的学习体验。最后，数字化技术也使得学生学习体验得到了改善。数字化技术为学生提供了更加便捷、多样化的学习途径，通过在线资源、教育应用和虚拟实验等，学生能够以自己的方式学习，在更广泛的知识领域进行探索。此外，数字化手段也加强了学生与教师之间的互动，通过在线讨论、实时反馈等方式，学生更容易获得个性化的帮助和支持，从而提高学习效果和自主学习能力。

综合而言，校内课后服务领域在技术赋能和教育数字化转型的推动下取得了显著的发展，数字化技术的应用使得校内课后服务更具智能性和个性化，为学生提供了更为丰富、深入的学习体验，同时也为教育机构提供了更精准、高效的教学管理手段。随着技术的不断发展，数字化将继续为校内课后服务领域带来更多创新和改变，为学生提供更优质、多元化的课后服务，也促使教育体系更好地满足学生学习需求，推动整个领域走向更加可持续的发展。同时，教育机构和从业者也需要不断提升数字化技能，更好地适应领域发展的新趋势。

4.4　校外课后服务领域的发展

校外培训，是指在中小学校以外的，面向中小学生以及 3 至 6 岁学龄前儿童举办的非学历教育培训[①]，包括课余时间向学生进行品德教育，普及科学技术、文学艺术、体育等方面的知识，培养实际操作技能、技巧，以利于发展他们多方面的兴趣、爱好、特长以及智力和创造才能而开展的培训。校外培训是学校教育的补充，不可以也不能替代学校教育。对于非学科类校外培训，2022 年 11 月，教育部等 13 部门联合印发《关于规范面向中小学生的非学科类校外培训的意见》，提出明确监管要求，使其成为学校教育的有益补充。目前，全国已有 31 个省（自治区、直辖市）和新疆生产建设兵团出台了非学科类校外培训机构设置标准，明确了审批登记流程，非学科类校外培训机构管理日趋规范。同时，教育部积极推动体育总局、文化和旅游部

---

① 中华人民共和国教育部.教育部办公厅应急管理部办公厅关于印发《校外培训机构消防安全管理九项规定》的通知［EB/OL］.（2022-05-26）［2023-12-23］. http://www.moe.gov.cn/srcsite/A29/202206/t20220606_634978.html.

等先后出台《关于做好课外体育培训行业服务监管工作的通知》《课外体育培训行业规范》《关于做好文化艺术类校外培训管理相关工作的通知》等文件，不断规范校外培训服务质量，第三方机构进校园标准不断完善，为中小学的课后服务提供了多样化的选择。"双减"实施以来，面向中小学生的学科类培训机构得到有效治理，机构数量大幅压减，全面完成营转非、备改审，培训人员和培训材料规范管理，预收费逐步纳入资金监管。目前，学科类校外培训机构已全部纳入全国校外教育培训监管与服务综合平台统一监管，实现对机构审批、年检、资金、人员、材料、课程等全链条、全过程监管[①]。

4.4.1 校外课后服务的功能与优势

校外课后服务领域在互联网时代正迎来蓬勃发展，互联网技术的广泛应用和技术创新的不断推进为该领域带来了新的机遇：个性化学习路径的定制、在线辅导服务的不断升级以及技术创新的深入应用等。

课后服务平台通过云计算、大数据、人工智能、区块链、物联网等数字技术的融合，实现了对传统课后服务模式的颠覆性升级。平台具有高度灵活性，用户可以根据个体差异选择合适的学科、老师和学习计划。比如作为校外课后服务的核心发展趋势的个性化学习路径，通过分析学生的知识水平、兴趣偏好以及学习方式，平台可以为每个学生量身定制个性化的学习路径。这种定制化学习不仅提高了学习效果，也增强了学生的学习兴趣和动力。

校外课后服务领域也越来越注重提供包括在线辅导和答疑在内的服务。学生和老师可以通过实时在线互动，实现一对一辅导，解决学科问题，使学习更具实效性和互动性；机构可在校外课后服务平台提交相关资质说明，进行在线认证，也可以在平台上对课程资源与师资进行管理；家长可在校外课后服务平台进行包括家庭教育在内的课程的选课报名，也可以借助数据分析平台及时了解学生成长，对教师与课程进行评价监督。同时，领域发展不仅侧重于服务方式的创新，还着力于新型课程资源的开发。引入跨学科、实践项目等元素，使课程更具前瞻性和实践性。这种创新推动了课程内容的多元化，促进了学科知识与实际应用的更紧密结合。

4.4.2 校外课后服务的内容与形式

校外培训服务内容和形式十分多样。首先，在服务内容方面，培训机构提供包括科学、社会学科等拓展学习领域的非学科培训服务。在技能培训方面，包括语言、计算机和职业技能等，为学员提供了更广泛的发展机会。艺术和体育培训项目如钢琴、舞蹈、美术、篮球等，丰

---

① 中华人民共和国教育部. 对十四届全国人大一次会议第 8081 号建议的答复［EB/OL］.（2023-08-23）［2023-12-23］http://www.moe.gov.cn/jyb_xxgk/xxgk_jyta/jianguansi/202311/t20231121_1091454.html.

富了学生的课外生活。同时，心理健康和生活技能培训也逐渐受到重视，为培养学生综合素养提供支持。其次，在服务方式方面，培训机构提供多元化的教学模式，以满足不同学生的学习习惯和需求。传统的课堂教学仍然普遍存在，校外课后服务机构可以在固定的时间和地点为学生提供服务。学生可以通过报名的方式选择适合自己的课程和班级，再前往培训机构接受面对面授课，机构可以提供具体的教学设施和教学材料，为学生提供良好的学习环境。在线教育则通过互联网技术为学生创造了更加灵活的学习环境，学生可以通过登录机构的在线平台，参加各类在线课程和学习活动。机构可以提供相应的学习资源和教学支持，帮助学生进行自主学习和交流。同时，机构还可以通过在线平台与学生和家长进行反馈和沟通。另外，机构提供的一对一辅导和小班授课则更注重个性化和互动性，使学生能够更好地理解和消化知识；实践培训通过实际操作和实习，提高学生的实际应用能力；综合性培训项目则集合了各类教学方式，为学生提供更全面的学习体验。这些灵活多样的服务内容和方式，使得校外培训能够更好地迎合学生的个性需求，促进其全面发展。

综上，校外课后服务领域将继续迎来更为广阔的发展前景。在未来，领域从业者应积极拥抱技术变革，不断提升服务水平，推动校外课后服务领域朝着更为智能、个性化的方向迈进。通过全方位的发展和创新，校外课后服务领域有望为学生提供更丰富、更优质的学习体验，为培养未来人才做出更为重要的贡献。

第 5 章

CHAPTER 5

数字时代技术赋能课后服务的
业务监管与区域推进

5.1　整体概述

　　数字时代技术赋能课后服务的业务监管是指对课后服务的质量、效果、安全等方面进行规范、评估、督导和改进的过程，它是保障课后服务高质量发展的重要手段，也是促进课后服务与数字技术深度融合的关键环节。课后服务的业务监管主要包括建立健全课后服务制度，明确课后服务人员责任，加强课后服务安全管理，完善课后服务经费保障机制，加强课后服务督导检查等方面。课后服务的区域推进主要包括统筹规划各类资源和需求，调动各方面积极性，形成课后服务工作合力，推广部分地方的创新举措和典型经验，创新工作机制和方法，探索形成各具特色的课后服务工作模式等方面[①]。数字技术赋能课后服务的业务监管和区域推进是数字时代背景下实现教育资源优化配置、提升教育质量的重要手段。这两方面的重要性在于，一方面可以保障课后服务的质量和安全，另一方面可以实现教育资源的优化配置，提升教育教学的质量和效率。例如，建立课后服务管理数字化系统，实现课后服务的基础设置、课程管理、学生管理、教师管理、家长管理等功能的在线化、智能化和可视化；建设课后服务在线"好差评"系统，利用移动互联网和大数据技术，让学生、家长、教师等参与课后服务的评价，形成课后服务质量的全景图，为课后服务的改进和优化提供数据支撑[②]。建立课后服务信用监管制度，探索"白名单""黑名单"机制，对校内外提供的课后服务进行全链条、全过程的在线监管，及时发现和处理课后服务中的问题和风险，保障课后服务的有序发展；建设课后服务在线"课程公园"模式，将区域内的中小学划分为若干个"课程公园"，以"课程公园"为资源供给最小单元，盘活区域内优质教育资源，打造课后服务"一园一品""一校一品"，搭建开放共享、课程多样的课后服务资源体系[③]。

　　课后服务作为中小学教育的一种重要补充形式，是推动教育高质量发展和多样化发展的一支重要力量，也是当前教育监管领域中的一项极具复杂性的艰巨工程。随着社会经济的发展和教育改革的深入，中小学生的课业负担和校外培训问题日益突出，引发了社会的广泛关注和讨论。为了减轻学生过重的学习负担，规范校外培训机构的发展，促进学生的全面发展和健康成长，国家出台了一系列的政策措施，提出了"双减"政策，即减轻中小学生课外负担，减少校

---

① 中华人民共和国教育部 . 教育部办公厅关于做好中小学生课后服务工作的指导意见［EB/OL］.（2017-03-02）［2023-12-23］. http://www.moe.gov.cn/srcsite/A06/s3325/201703/t20170304_298203.html.

② 翟云 . 让数字技术为课后服务增添新动能［EB/OL］. 光明日报 .（2023-11-30）［2023-12-23］. https://epaper.gmw.cn/gmrb/html/2023-11/30/nw.D110000gmrb_20231130_2-03.htm.

③ 成都市金牛区教育局 . 信息化赋能课后服务　打造"课程公园"［EB/OL］. 教育导报 .（2022-12-06）［2023-12-23］. https://jydb.scedumedia.com/DocumentElectronic/doc-18010.html.

外培训机构的无序发展。

在"双减"政策的指导下，各地各校积极探索和实施中小学生课后服务工作，为学生提供丰富多彩的课后活动，满足学生的多样化和个性化需求，培养学生的兴趣爱好和综合素质，让学生在课后服务中快乐学习和成长。课后服务不仅是解决家长"三点半"难题的民生工程，也是促进学生全面发展的教育工程。

随着课后服务行业的快速发展，一些挑战也随之而来。由于该行业的分散性和多样性，监管难度较大，一些地区存在不合规范或低质量的课后服务机构，给学生和家长带来了一定的风险。同时，不同地区的课后服务发展水平和资源配置存在差异，如何实现区域间的均衡发展，提供良好的课后服务，是一个亟须解决的重要问题。

数字时代的技术赋能在解决这些问题上具有巨大潜力和作用。首先，通过建立完善的信息化系统，可以实现对课后服务机构的全面监管和评估，确保其合规运营。大数据分析技术可以帮助监管部门及时发现问题，并采取相应措施进行处置。其次，借助人工智能技术，可以实现对学生学习情况的个性化分析和推荐，为学生提供更加精准的辅导和指导。此外，通过互联网技术和在线教育平台，可以实现资源共享，弥补区域间的差异，提供更广泛、高质量的课后服务。

数字技术为课后服务的发展提供了新的机遇和动力。互联网、人工智能、大数据、云计算等新兴技术，为课后服务的形式、内容、管理、评估等方面带来了新的变革和创新。数字技术可以让课后服务更加网络化、智能化、个性化、数据化，提高课后服务的可及性、有效性、灵活性、互动性。数字技术也可以让课后服务更加规范化、透明化、科学化、协同化，加强课后服务的监管、评估、优化。本章旨在探讨数字时代技术赋能课后服务的业务监管与区域推进的问题，分析国家和区域层面的相关监管机制与措施，总结区域推进策略与保障措施，展示典型案例，为课后服务的高质量发展提供借鉴和参考。

5.2 国家相关监管机制与措施

随着"双减"政策的落实，课后服务进入质量保障、提高效率的2.0阶段。1.强调提升课后服务水平：2021年7月，国务院办公厅颁布"双减"政策，要求满足学生多元化需求，提升支撑保障能力。2.引进社会力量：2022年12月，教育部等十三部门联合发布《关于规范面向中小学生的非学科类校外培训的意见》，明确提出应统筹利用社会资源，积极聘请退休教师等人士参与支持课后服务工作。3.提高经费保障：2023年5月，经国务院批准，提高了义务教育学校生均公用经费基准定额，支持学校落实"双减"，提升课后服务水平。4.加强科学教育：

2023 年 5 月，教育部等十八部门联合颁布《关于加强新时代中小学科学教育工作的意见》，明确提出将科学教育纳入课后服务中。总之，政策对课后服务内容多元化、社会资源利用等方面提出了更高的要求，以确保提升课后服务的效率和质量。在当前的课后服务领域，保障提效已成为我国政府和监管机构的发展重点，针对服务质量参差不齐、服务内容供需不匹配、服务资源分布不均衡等问题，国家层面的监管机制与措施主要包括以下几个方面：

一是制定课后服务的法律法规和规范性文件，明确课后服务的目标、原则、内容、标准、责任、保障等，为课后服务的规范化发展提供法律依据和政策指导。例如，教育部等六部门联合印发《关于做好中小学生课后服务工作的指导意见》指出：要充分发挥中小学校课后服务主渠道作用、课后服务必须坚持学生家长自愿原则、科学合理确定课后服务内容形式、切实保障课后服务学生安全、进一步加强对课后服务工作的领导。各地教育行政部门要进一步强化担当、落实责任，统筹规划各类资源和需求，调动各方面积极性，努力形成课后服务工作合力。要把课后服务工作纳入中小学校考评体系，加强督导检查；要创新工作机制和方法，积极探索形成各具特色的课后服务工作模式。

二是建立课后服务的统一平台和信息系统，实现课后服务的在线管理和数据化监管，提高课后服务的透明度和效率。例如，教育部推进建设国家中小学智慧教育平台，为课后服务提供统一的技术支撑和资源保障，各地也建立了相应的课后服务管理平台，实现了课后服务的报名、选课、缴费、反馈等功能，此外，中共中央办公厅、国务院办公厅印发《关于进一步减轻义务教育阶段学生作业负担和校外培训负担的意见》中指出：应提升学校课后服务水平，满足学生多样化需求，提高课后服务质量、拓展课后服务渠道、做强做优免费线上学习服务。

三是加强对课后服务的质量评估和效果评价，建立课后服务的评价指标体系和评价方法，定期对课后服务的开展情况、质量水平、满意度等进行监测和分析，为课后服务的优化和改进提供数据支持和依据。例如，《抓好"关键点" 激发"兴奋点" 充分保证学校课后服务质量》提出了课后服务的四个评价指标：问题导向、质量意识、有效措施和激发兴奋点。文章认为，课后服务应该围绕"双减"目标，主动回应家长和学生关切，主要开展作业辅导和素质拓展活动，同时要提高课后服务质量，增强课后服务的吸引力，拓展课后服务渠道，采取有效措施，激发教师参与服务的兴奋点[1]。

四是加强课后服务的督导检查和问责处理，建立课后服务的督导检查机制和问责处理机制，对课后服务的落实情况、存在问题、整改措施等进行督导检查和问责处理，确保课后服务的有序开展和质量提升。例如，《国务院教育督导委员会关于印发〈教育督导问责办法〉的通

---

[1] 苗贵安 . 抓好"关键点" 激发"兴奋点" 充分保证学校课后服务质量［EB/OL］.光明日报 .（2021-10-26）［2023-12-23］. https://epaper.gmw.cn/gmrb/html/2021-10/26/nw.D110000gmrb_20211026_3-13.htm.

知》规定了教育督导问责的情形、方式、程序和监督等内容，明确了各级人民政府教育督导机构在教育督导工作中，发现地方政府及有关职能部门、各类学校和其他教育机构、有关工作人员等被督导对象，存在不履行、不完全履行或不正确履行教育职责的问题，由有关部门依照职能和管理权限进行内部监督和责任追究的一项工作制度[1]。

5.3 区域相关监管机制与措施

随着国家课后服务的推广，课后服务的质量监管已成为亟待解决的问题。为了确保区域课后服务的质量，建立有效的区域课后服务质量区域监管机制至关重要。该机制应该包括对课后服务提供者的资质审核、对课后服务的过程监督，以及对课后服务的效果评估等方面。这种区域监管机制可以确保课后服务的质量得到保障，为学生的全面发展提供有力支持。措施主要包括以下几个方面：

1. 建立健全市、区、校三级管理体制，明确各级教育行政部门、学校、家长、社会等各方的责任和义务，加强统筹规划、督导检查、评估考核。

2. 完善经费保障机制，通过政府购买服务、财政补贴、社会捐赠等方式，对参与课后服务的学校、单位和教师给予适当补助，同时严禁以课后服务名义乱收费。

3. 科学合理确定课后服务内容和形式，遵循教育规律和学生成长规律，促进学生全面发展，坚决防止将课后服务变相成为集体教学或"补课"。

4. 充分发挥中小学校课后服务主渠道作用，充分利用学校在管理、人员、场地、资源等方面的优势，主动承担起学生课后服务责任，提高课后服务质量和水平。

5. 拓宽课后服务的领域与资源，积极吸纳社会资源，有效利用青少年宫、青少年活动中心等校外教育机构的资源，以增强课后服务的多样性和实效性。同时，倡导学校与这些校外机构建立合作关系，共同举办旨在促进学生全面发展的综合实践活动。[2]

6. 增强和提升免费在线学习服务的质量，教育部门应积极收集和创造多样化、高质量的在线教育和教学资源。向学生免费提供涵盖各个学科和年级的优质专题教育内容，以实现教育资源的均衡分配，推动教育公平。

① 国务院教育督导委员会.关于印发《教育督导问责办法》的通知［EB/OL］.（2021-07-20）［2023-12-23］. http://www.moe.gov.cn/srcsite/A11/s7057/202107/t20210723_546399.html.
② 潘虹旭，李玉梅，董良言."双减"之后孩子课后时间怎么办？课后服务机制了解一下［EB/OL］.（2021-07-25）［2023-12-23］. http://m.news.cctv.com/2021/07/25/ARTImx5BqgKIqGF0bjE7yWko210725.shtml.

5.4　区域推进策略与保障措施

　　随着教育领域数字化改革的持续推进，教育系统的组织结构正在经历着根本性的变革。数字技术不仅推动了教育模式的创新，而且激发了多样化的教学实践。智能化、数字化的课后服务模式正成为教育发展的新趋势，它为学校教育的数字化转型、精细化管理和个性化教学提供了坚实的基础。

　　在物联网、人工智能、大数据等前沿技术的助力下，教育领域在数字化方面实现了跨越式的发展。这些技术的广泛应用和深度整合，使数字化学习平台不仅能够支持远程教学，还能精准地捕捉和分析学习数据，从而对学生的学习行为和效果进行深入的洞察。

　　利用国家中小学智慧教育平台所提供的丰富课程资源和智能化评价工具，结合新兴信息技术，我们可以实现更加精准的个性化教学。创新地运用数字化手段，赋能"双减"政策下的课后服务，这不仅是当前教育实践发展的可行之路，更是推动教育创新和质量提升的关键所在。

　　为推进区域课后服务的有效实施，制定相应的策略至关重要。课后服务作为学校执行"双减"政策的关键行动，其实施过程中逐渐显现出一些亟待解决的问题。首先，家庭、学校和社会三方之间的信息共享存在障碍；其次，课后服务的师资配备不足，影响了服务质量；再次，课后服务的内容设置需要进一步优化，以满足学生的实际需求；最后，课后服务的保障机制尚未完全落实，影响了服务的持续性和稳定性。这些问题需要学校、家庭和社会三方共同努力，通过加强沟通、优化师资配置、调整内容设置和完善保障措施，共同推动课后服务的健康发展。

　　如何规模化地满足学生学习的多样化需求？如何有效减轻学校教务管理负担、教师备授课负担？如何使教师能够把精力专注于课程教学？这些问题成为当前学校课后服务实施的最大挑战。为了应对课后服务实施中的挑战，众多学校正积极采用尖端的人工智能和大数据技术，以实现从课程选择，到教学、监督、考勤等各个环节的全面数字化。这种数字化转型不仅有效减轻了教师的日常工作负担，还为课后服务的数据分析和监督提供了有力支持。通过丰富和扩展系统化、虚拟化的教育资源，学校正在构建一个以素质教育为核心的教育生态系统。这一生态系统的建立旨在全方位提升课后服务的质量，包括扩大服务的覆盖面、增加内容深度以及提高学生和家长的满意度。通过这些措施，学校能够更有效地满足学生多样化的学习需求，推动学生的全面发展。

　　根据《教育部办公厅关于推广部分地方义务教育课后服务有关创新举措和典型经验的通知》，课后服务的区域性创新策略主要包括以下几个方面：1. 推动课后服务全覆盖。各地要强化工作部署落实，不断完善政策措施，切实打通学校课后服务"最后一公里"，确保城区义务教育学校全覆盖、有需求的学生全覆盖。2. 保证课后服务时间。课后服务结束时间原则上不早于当地普遍的正常下班时间后半小时；学校对有特殊需要的学生，可以提供延时托管服务，切实解决好家长接学生困难问题。3. 提高课后服务质量。丰富课后服务内容，指导学生认真完成作业，帮助学习有困难的学生补习辅导，指导学有余力的学生拓展学习空间，开展丰富多彩的文体活动、阅读、兴趣小组以及社团活动，提高课后服务质量水平。4. 强化课后服务保障。完善课后服务经费保障机制，通过财政补贴、服务性收费或代收费等方式筹措经费。学校服务性收费和代收费具体政策由各省份制定，严禁以课后服务名义乱收费。建立健全以学校教师为主、校外专业人员或志愿者参与的课后服务师资队伍，完善参与教师和人员补助政策[1]。

5.4.1　建立课后服务的数字化平台和信息系统

建立课后服务的数字化平台和信息系统，实现课后服务的在线管理和数据化监管，提高课后服务的透明度和效率。利用人工智能、5G、VR、AR 等新兴技术，丰富课后服务的内容和形式，满足学生的多元化和个性化需求，提升课后服务的吸引力和影响力。例如，浙江省支持各地各校开展课后服务的创新实践，推出了一批课后服务的数字化产品和平台，如"课后服务云""课后服务智慧课堂"等。

5.4.2　建立课后服务的质量评估指标体系

建立课后服务的质量评估和效果评价体系，利用大数据、云计算等技术，对课后服务的开展情况、质量水平、满意度等进行监测和分析，通过智能化课后服务评价体系对评价数据进行获取、处理、反馈，为课后服务的优化和改进提供数据支持和依据（见图 5.4-1）。建立课后服务的在线"好差评"系统，让学生和家长参与课后服务的评价，及时反馈课后服务的问题和建议，促进课后服务的持续改进和提升。

5.4.3　建立课后服务的督导检查和问责处理机制

建立课后服务的督导检查和问责处理机制，利用移动互联网等技术，对课后服务的落实情况、存在问题、整改措施等进行督导检查和问责处理，确保课后服务的有序开展和质量提升。

---

[1]　教育部办公厅. 关于推广部分地方义务教育课后服务有关创新举措和典型经验的通知［EB/OL］.（2021-06-04）［2023-12-23］. http://www.moe.gov.cn/srcsite/A06/s3321/202106/t20210621_539265.html.

[2]　柳立言，龙安然，安敏. 国家中小学智慧教育平台赋能"双减"课后服务的创新路径研究［J］. 中国电化教育，2023（07）：78-84.

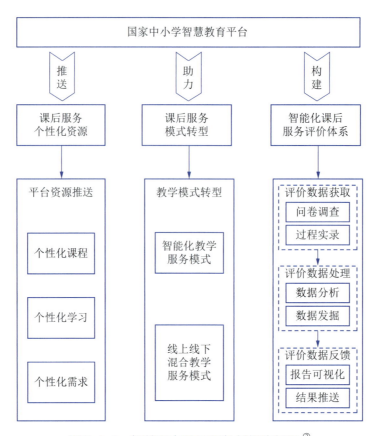

图 5.4-1　智慧平台课后服务创新路径图[②]

建立健全课后服务的白名单、黑名单制度，对课后服务的优秀典型和违规违纪的机构和个人进行表彰和惩戒，形成课后服务的良好风气。

5.4.4　建立课后服务的协同发展机制，加强区域内外的交流合作

建立课后服务的协同发展机制，加强区域内外的交流合作，共享优质的课后服务资源和经验，促进课后服务的均衡发展和创新发展。构建和完善区域市场监管的统一体系，通过实施跨省联动办理、联合监管执法等行动，促进市场监管工作的协同性和一致性，规范校外培训机构的培训行为，维护公平有序的市场环境。

5.4.5　建立课后服务的保障措施

建立课后服务的保障措施，加大对课后服务的投入和支持，完善课后服务的师资队伍和硬件设施，提高课后服务的保障水平和服务水平。加强对课后服务的宣传和引导，增强学生和家长对课后服务的认知和信任，营造课后服务的良好氛围，让课后服务成为学生快乐成长的乐园。

5.5　典型案例分析

该部分列举了一些典型案例，这些案例展示了不同区域利用数字技术推进课后服务，提高课后服务质量方面的经验和成果。通过对这些案例的深入分析，我们可以更好地了解当前课后服务的现状和存在的问题，从而更加直观地了解国内各区域课后服务的发展情况。

5.5.1　安徽省芜湖市的课后服务实践

芜湖市推进教育新型基础设施建设，实施学生智学、教师智教、学校智治、家长智育的"'皖'美教育　智学'芜'优"行动方案，推动芜湖教育高质量发展。其中基于规模化因材施教的作业管理芜湖模式以作业改革为突破，建成了覆盖全市范围的个性化作业应用管理体系，助力"双减"政策落地落实。

5.5.1.1　案例概述

该模式依托"互联网＋教育"的大型平台，强化数据基础和智能平台建设，打造集智慧课堂、学业评估、大数据分析与反馈、自主学习、智能管理、智慧教研六大系统于一体的数据应用与分析支撑体系。通过数据流通，实现教师、学生、家长、学校管理者之间的信息共享，为教育现代化管理与决策提供数据支持。该模式支持教师在作业设计、布置、收集、评价、智能推送等环节，为学生提供即时反馈、阶段性评估、总结性评价、增量评价等多维度的可视化结果。同时，为家长提供个性化的学生成长报告，构建"数据—决策执行—数据—反思优化"的作业管理闭环，促进教育质量的持续提升。

构建基于智能终端的个性化作业应用体系，作业设计、布置、评价等都基于人工智能技术，同时，基于大数据技术和 AI 能力的智能推送可以实现"五育"作业的个性化，如在湾沚区，2021 年全年智慧课堂在全区共 518 个教学班级中实现常态化应用，全区共生成个性化作业约 22 万人次。实现个性化作业的常态使用后，湾沚区开展了全区教师的普及调查，通过问卷，分析教师规模化使用智慧教育工具的教学现状的前后对比。调查数据显示，教师学情掌握全面性方面提升了 33%，作业布置针对性提升了 44.9%，作业讲评针对性提升了 47.2%，这说明使用智慧课堂系统后教师的教学针对性有很大提高；还显示教师备课时长降低了 11.8%，批改作业时间降低了 57.5%，说明减负效果显著。

为实现作业的创新设计，夯实优质作业源头基础，芜湖市推动覆盖全市教师的信息素养提升计划，利用智慧教研系统推动教师作业设计理念更新，展示成果、分享经验、交流困惑。通过师生智能终端应用，利用智慧课堂系统、大数据分析与反馈系统、自主学习系统、智慧管理系统等实现基于大数据能力、大数据思维与人工智能技术的"五育"作业的智能化收集与分发，通过对学生作业的即时反馈、过程性评估、总结性评价、增量评价形成学生个性化的学情报告，为教师因材施教、学生个性化提升提供了数据依据，为家长提供学生个体学业报告，实现家校共育，持续推动芜湖市的规模化因材施教，减负增效。

作业管理芜湖模式构建了基于智能终端的个性化作业应用体系。1. 作业设计方面通过智慧教研系统，提升教师的专业水平，使得作业设计符合各学科的课程标准，帮助学生提升关键能力和必备品格。作业形式符合学生的认知年龄和认知特点。此外，芜湖智慧教育平台已经积累了德智体美劳各学科的导学案、教学设计、课件、检测试题、微课视频共计 206 489 个市级优质资源，为教师更好地进行作业设计提供了帮助。2. 作业布置方面通过本地资源库建设提升作业源头质量，利用信息化平台了解学生学习的薄弱点、完成时长，合理科学布置作业，减轻学生过重的学业负担。3. 作业收集与评价方面采取基于人工智能技术的作业数据采集与智能批改。通过智慧课堂平台，学生利用移动终端完成练习内容，通过拍照上传系统，实现作业收集。系统自动完成客观题的评分，而主观题则允许学生通过拍照提交答案。教师可以根据题目批改评分，也可以对学生个体进行评价。系统自动输出批改报告。教师可以根据班级学生得分情况设置主观题的订正标准，得分率低于订正标准的练习自动打回，学生重新修订，教师再次进行批改。教师可以查看班级练习提交情况、学生情况、学生对知识点的掌握情况和答题情况；学生可以查阅个人练习的详细报告，包括得分和所用时间，同时也能浏览每题的答题结果和详细解释。平台设计了学生成长档案，每学期可以上传 10 次学生"五育"实践作业视频和图片，形成"五育"作业集。4. 作业个性化方面利用大数据技术和 AI 能力实现智能推送。2021 年底，芜湖市充分利用信息化软硬件基础设施，基于智慧课堂终端建设了覆盖全市的个性化作业应用体系，可实现基于大数据分析学生能力系数和作业完成时间，生成学生的个人学情画像，精准推送个性化作业。

作业管理芜湖模式通过"教育新基建"构建"五育"作业管理体系。1. 强化教育基础设施建设，夯实"五育"作业管理体系的基础条件。当前，芜湖市智慧教育平台已容纳包含"五育"等各类教育教学资源 20 多万种，并不断总结经验，逐步扩展"云课"的学科、年级和学段，扩大优质资源的覆盖面。目前，已向全市中小学生推送约 6 000 节教学视频，实现了以"德智体美劳"为核心，初、高中和小学高年级基础性学科"云课"资源全覆盖，满足了不同层次学生对优质资源的学习需求，受到社会的广泛好评。同时，"阳光云课"作为免费优质的课程资源，为芜湖市推进"三心工程"之"爱心托管"提供资源服务。2. 采用综合技术构建"五育"作业的管理平台和系统。在夯实"五育"资源基础上，芜湖市联合优质企业，以 5G 网络、人工智能、教育大数据、AR/VR 虚拟技术为驱动，以学生"德智体美劳"综合创新发展为核心，以德育、体育、美育、生活、文化、创新实践等场景为切入点，个性化定制管理平台和应用系统，通过智慧体育、AI 创新教育等一系列特色课程建设提高素质教育水平。3.形成基于智能终端的个性化作业管理数据。2021 年，芜湖市建设覆盖全市的智慧作业管理平台，当前，平台已能够提供智慧教育建设范围内各区域、学校、班级、学生个人的大数据分析，从作业时段分布统计、作业用时统计、作业整体准确率、教师作业批阅等多个维度进行大数据采集与计算分析，还能够根据题库标注衡量作业的难度系数和学生掌握程度，从而实现对全市各学校和班级的有效监管。

5.5.1.2 案例点评

芜湖市采用个性化作业应用管理体系，通过智慧教研系统和智慧课堂平台等技术手段，实现了作业的智能采集、评价和推送。这种模式有效地提升了教师的专业水平，减轻了学生的学业负担，同时提供了科学的数据依据，促进了因材施教和个性化学习，为我们展现了一个创新的作业管理模式。此模式推动覆盖全市教师的信息素养提升计划，利用智慧教研系统推动教师作业设计理念的更新。通过分享经验、交流困惑等形式，促进了教师之间的互动与学习。芜湖市建设了智慧作业管理平台，利用大数据分析和人工智能技术，实现了对作业数据的采集、批改和分析。教师可以根据学生的得分情况和知识点掌握情况进行个性化辅导，并通过作业报告和学生画像提供科学的数据支持。芜湖市通过作业管理芜湖模式，实现了家校共育。家长可以通过学生个体学业报告了解学生的学情，与教师共同关注学生的学习进展，促进学生个性化提升。最后，芜湖市注重教育基础设施建设，构建了"五育"作业管理体系的基础条件。智慧教育平台提供了丰富的教学资源，并通过 5G 网络、人工智能、教育大数据等技术手段，提高了素质教育水平。总的来说，芜湖市在教育领域借助数字化技术取得了显著成效。作业管理芜湖模式和教育新基建为学生提供了优质的教学资源和个性化的学习环境，促进了教育教学的现代化和个性化发展。这种模式可以为其他地区提供借鉴和参考，推动教育的改革和创新。

5.5.2 上海市宝山区的课后服务实践

5.5.2.1 案例概述

上海市宝山区的教育管理部门和学校利用数字化转型的优势，建立了课后服务管理的数字化平台。该平台旨在加强对课后服务项目的监管，包括社会机构的选择、管理、服务提供以及绩效评估，并促进资源共享和信息互通。同时，通过增强信息传播力度，利用多种媒介，定期发布区内学校课后服务的进展和成效，以发挥积极的引导作用，鼓励社会各界及广大家长积极支持、参与课后服务，并对课后服务进行有效监督。平台将覆盖宝山区内的在职教师和学校，主要包含思想与政治、语言与人文、数学与逻辑、科学与技术、艺术与创意、体育与健康、劳动与服务、研学与实践等模块内容。

5.5.2.2 案例点评

宝山区针对课后服务供给不足，资源分布不均衡，课后服务资源、师资相对匮乏，难以满足学生的需求的现状，进行了较为系统的设计，特别是采用生态化的观点建设数字底座，形成了"互联网＋课后服务"的技术网络与数据生态，较有代表性。

"互联网＋课后服务"当前的质量仍然参差不齐，一些服务项目容易过于注重学业成绩，忽视了学生的个性化发展和综合素质的培养。建议今后设定课后服务评价标准，保障课后服务质量。在制定评估标准时，应着重考虑以下几个关键要素：服务环境的适宜性、服务内容的丰富性、服务时段的合理性、师生配比的均衡性、教师资质的合规性以及家校社区协作的有效性。这些因素共同构成了评价体系的核心，确保服务质量的全面性和准确性。在课后服务的课程设计方面，要基于学科拓展、学科融通和社会生活，增加课程的可选择性和可参与性，建立校内外课程资源共建模式，用好线上优质教育资源，补足非学科优质资源，努力建设高品质课程资源。

5.5.3 河南省信阳市羊山新区的课后服务实践

5.5.3.1 案例概述

河南省信阳市羊山新区各小学积极探索创新路径，充分利用国家中小学智慧教育平台，尽最大可能解决课后服务遇到的新问题。

1. 开展德育课程

教育要以德为先，羊山新区教体局历来重视对学生的品德教育。在课后服务期间，羊山新区小学广泛利用国家中小学智慧教育平台中德育板块资源，丰富学生品德教育学习素材。（见图 3.3-3）羊山外国语小学、羊山实验小学等学校都结合本校实际制定了课后服务德育专项课程实施方案，每周固定时间，统一进行德育课程教育。（见表 3.3-1）

2. 开展课外阅读

语文是工具性与人文性统一的学科，语言文字的理解、运用能力，是学生学好其他学科的基础。培养阅读技巧是小学语文教育中极为关键的一环，它有助于学生掌握和运用语言。而且对于他们开阔视野、提高内涵、增加底蕴、放飞心灵有着重要的意义。

为贯彻落实《信阳市青少年学生读书行动实施方案》精神，进一步推动羊山新区各校阅读工作的深入开展，充分调动学生读书热情，羊山新区依托中小学智慧教育平台的读书分享活动在全区开展"书香浸润素养，阅读成就未来"读书月活动。

各小学在原有的每周一次的阅读课后服务基础上，合理制定活动方案，精准确定活动目

标，全面创设书香环境，精心设计活动环节，积极设置奖励机制，在全区营造出了浓浓的书香氛围。（见图 5.5-1）

在国家中小学智慧教育平台读书分享活动中，学校致力于推动学生的全面成长，以形成"人人好读书，人人读好书"的终身学习目标，为此举办了多样化和富有创意的阅读推广活动。（见图 5.5-2）

在阅读素材的选择上，首选的是统编教材"快乐读书吧"中推荐的阅读书目。各校依据

图 5.5-1　羊山新区营造书香氛围

图 5.5-2　羊山新区各小学阅读活动

"快乐读书吧"推荐的阅读书目，分年级开展活动。如：以班级为单位进行阅读比赛，鼓励学生阅读并记录书籍数量和内容，设置奖励机制，激发学生的参与热情；（见图 5.5-3）以班级为单位举行阅读分享会，学生分享自己喜爱的图书、小说或读书心得，在互相倾听和交流中，促进了对作品更深层次的理解；（见图 5.5-4）在阅读完作品后鼓励学生参与创作活动，如写读后感、制作阅读小报、绘制思维导图等，参与校级、区级评选。（见图 5.5-5）与此同时，区鼓励各小学开展亲子共读活动，组织家长和学生一起参与阅读，共同选择和分享喜爱的图书，并进行家庭阅读的记录和分享。（见图 5.5-6）

丰富多彩的活动的开展，在全区掀起了阅读的高潮，使学生的阅读兴趣被进一步激发，他们切实感受到读书的快乐，为形成良好的阅读习惯、牢固树立终身学习的理念奠定了良好的基础。

图 5.5-3　班级阅读分享

图 5.5-4　学生交流阅读

图 5.5-5　阅读创作

图 5.5-6　亲子共读

3. 开展科普、体育、美育等社团课程

国家中小学智慧教育平台为满足学生的多元化学习需求，除基础课程外，也提供支持学生全面素质提升所需的科学教育资源以及多样化的跨学科兴趣教学材料，以此推动学生的个性化学习，促进学生根据个人兴趣和天赋发展特长。羊山新区为满足学生发展自主学习技能和个性化成长的需求，动员各校广大教师、学生，充分利用平台的科普、体育、美育课程资源以及课后服务，满足学生的个性化成长需求。

羊山新区第二小学将国家中小学智慧教育平台课后服务应用场景中的科普教育资源，与学生的课后服务有效结合，依托平台资源，开设了"漫游科技馆""像科学家一样学习"的科普服务课程，大力推进科学教育。

5.5.3.2　案例点评

羊山新区的教师积极搜寻国家中小学智慧教育平台中优质的相关资源，融入学校开设的科学、体育、美术、音乐、民俗、戏曲等社团的校本课程中，大大降低了教师备课的压力，提升了教学资源的质量，增进了社团课后服务的实效。

第 6 章

CHAPTER 6
数字时代技术赋能课后服务的
未来趋势

6.1 面向课后服务的新媒体与新技术的发展趋势

　　教育数字化是数字中国战略的重要组成部分。习近平总书记在党的二十大报告中指出要推进教育数字化，教育部在 2022 年全国教育工作会议上提出实施国家教育数字化战略行动，这无疑为构建网络化、数字化、个性化的课后服务体系作出了总动员。数字技术对课后服务领域产生了前所未有的广泛影响，深刻推动了这一服务模式的转型和创新。在变革的过程中，新媒体与新技术正在催生一系列令人振奋的发展趋势，为课后服务注入更多智能和个性化元素，为学生提供更为多元、深刻和贴近个体需求的学习体验。基于此，我们在此分析新媒体和人工智能等新技术在课后服务领域的发展趋势。

6.1.1 技术赋能实现课后服务的个性化

　　课后服务拥抱数字技术后，教育正处在重新定义学习方式和满足学生多元需求的时刻，个性化课后服务的实现，是提升服务匹配度和学生满意度的关键。在这个背景下，通过技术赋能实现个性化的课后服务不仅对学生发展有重要作用，更可能成为塑造未来教育的关键路径。

　　技术赋能课后服务的个性化包括课程安排个性化和学习路径个性化。

　　课程安排个性化，即构建满足家长和学生需求的更灵活的课程安排。通过大数据分析技术了解每个学生的学科水平、兴趣喜好，根据年级特点和孩子的实际需求，推荐内容和难度适中的多样化服务课程，设计灵活的延时服务时间。自然语言处理技术可以实现系统与学生的智能交互，为其提供更个性化、贴心的学习支持，使学生可以根据自身需求和兴趣选择课程，实现真正的个性化学习，拓展学生的学科广度，提供更多元、灵活的学习机会。

　　学习路径个性化，即给学生制定差异性的课后服务学习路径。通过数字技术收集、汇聚、分析各学生的学习过程与结果数据，把握学生群体特征与个体差异，为学生提供个性化的学习指导，实现有针对性的多样化学习资源的精准推送，以科技赋能课后服务助力学生全面发展，这关系到学生的长期发展。

6.1.2 课后服务平台资源的集成与标准化

　　云技术使得教育资源可以更容易地被存储、共享和访问。在线学习平台提供了大量互动和协作工具，使学生能够随时随地地访问学习材料和资源。

6.1.2.1 课后服务平台资源的集成

2022 年 3 月 28 日，国家智慧教育平台正式上线，这是教育部推出的教育数字化战略行动取得的阶段性成果^①，是以实际行动为构建网络化、数字化、个性化、终身化教育体系迈出的重要一步。通过数字化平台汇集丰富优质教育教学资源，能够保证学习资源获取渠道的普惠性，解决优质资源分散与找资源难的问题，为课后服务的优质教学资源推送提供充分支撑，充分发挥了总枢纽的作用^②。按照国家推进教育数字化战略行动的总体部署，加快课后服务和数字技术双轮驱动，未来可以不断拓展平台的覆盖范围，进一步建立基于大数据和人工智能技术的数字化学习资源搜索引擎，升级建设国家智慧教育平台，促进资源跨平台、跨学校、跨区域应用，实现优质资源开放共享。

6.1.2.2 课后服务技术与平台的标准化

课后服务开展中，校外机构入校管理是重要一环，如何快速高效地从众多质量不齐、运营状况各不相同的校外机构选择出高质量的合格入校机构，有效补充校内资源不足，是现在面临的一大问题。校内课后服务的高质量供给体系尚未系统建立，各大课后服务供应主体所采用的技术标准、资源工具、服务内容等缺乏统一性、开放性及兼容性，导致出现课后服务在不同区域的实施及质量水平不一、区域之间的优质教育资源无法打通等问题。2023 年 5 月，中国教育技术协会发布《中小学课后服务体系 第 1 部分：服务平台总体框架和基本要求》，该标准推动了各地课后服务体系建设的规范化。

6.1.3 技术赋能实现课后服务的评估与反馈

目前，我国在课后服务领域已建立了数据对接和平台建设的标准，然而，课后服务的质量评价体系尚需进一步优化和完善。数字技术赋能使得数据获取更加方便、类型更为多样、加工更为深入、应用更为及时，有助于评价从终结性评价向伴随性评价的转型。在当今教育领域的快速演变中，课后服务的智能评估和反馈以大数据和分析工具为支撑，旨在将服务质量与学校的育人使命有机结合，实现课后服务的多元评价，全方位、多层次把握学生的学习情况，确保课后服务的质量和一致性。

智能评估可以采取人机结合的模式。（见图 6.1-1）首先，建设学生端的课后服务在线评价系统，依托互联网让学生当"考官"，对课后服务进行全流程评价。要探索完善课后服务的评价机制，不仅要将教师是否参与组织、实施课后服务纳入考核，也要基于课后服务是否指向立德树人根本任务、是否做到规范管理、能否促进学生全面发展、是否使学生和家长满意等，全

① 丁雅诵. 教育数字化战略行动取得阶段性成果 国家智慧教育平台正式上线［EB/OL］. 人民日报.（2022-03-29）［2023-12-23］. http://edu.people.com.cn/n1/2022/0329/c1006-32386371.html.
② 柳立言，龙安然，安敏. 国家中小学智慧教育平台赋能"双减"课后服务的创新路径研究［J］. 中国电化教育，2023（07）：78-84.

面衡量学校课后服务的育人质量。此外，借助数字技术可实现对区域、学校、学生发展情况的全过程监测，贯穿课前、课中和课后。评价机制可以包含课后服务的室内外环境、教师和学生规模、课程质量评估等。综合应用多元评价方式，评估学生的学习效果，加强多源数据之间的互联，将小数据变成大数据，精准呈现课后服务质量的全景图，依据评价结果为管理者和教师的教学决策提供数据参考、优化教学策略，向教师提供关于学生选择的课后服务类型、受学生欢迎的课程和各阶段学生的评价等关键大数据，协助教师迅速把握学生的需求和反馈，优化其课后服务教学方法，进而提升课后服务的整体质量和效率，使课后服务不断提速增效[①]。

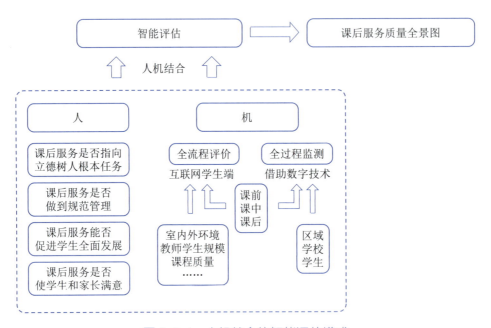

图 6.1-1　人机结合的智能评估模式

6.1.4　技术赋能课后服务的校务管理

课后服务工作丰富了学生的课外生活，有效减轻了学生家庭的经济负担，同时也给学校和教师带来了压力。在当前课后服务全覆盖，师生、社会资源广泛参与的情况下，课后服务开课前、开课中、开课后的相关管理工作负担过重是普遍现象。如何让管理工作提质增效，是学校和教育管理部门面临的主要挑战。通过人工智能、大数据技术，为学校课后服务提供全场景管理支撑，对开课前的校本资源建设、开课中的考勤、巡课、安全管理、资金管理等教务管理及开课后的课程评价、家校互通提供支撑，将课后服务的选课、缴费、班级编排、学生管理以及

---

① 李刚，李慧婷，辛涛，等．"双减"背景下教师参与课后服务的现状与改进途径——来自北京市 131 所中小学 9 741 名教师的证据［J］．中国电化教育，2023（04）：42-48.

评价等环节线上化、数字化，教师可以摆脱烦琐的行政任务，从而使学校和教师能够以更灵活的方式提供和执行课后服务。大数据技术为区域课后服务供需资源调配、过程性运营监管、区域数据治理和课后服务区域高质量规划提供支撑。

6.2 技术赋能课后服务的业务模式的发展模式

技术赋能课后服务的业务模式正在经历快速的发展和变革，课后服务需求的多样性决定了只依靠学校来开展课后服务是较困难的，所以需要考虑连接多方资源，尤其是校外资源，让好的现有社会资源参与到课后服务中。从政策和各地开展课后服务的实际情况来看，各地方通过引进校外专业机构及信息化管理平台来满足课后服务需求已成趋势。《关于进一步减轻义务教育阶段学生作业负担和校外培训负担的意见》提到了拓展课后服务的渠道：校内教师是课后服务的主要力量，学校也可以引入退休的教育专家、有专业资质的社会人员或志愿者来共同参与。教育行政部门有责任调配优秀师资，应向那些师资力量不足的学校提供支持。对于教师在校外进行的有偿补课行为，将依照相关法规进行严格监管，严重者将面临撤销教师资格的惩罚。同时，政策也倡导利用少年宫、青少年活动中心等社会资源，以增强课后服务的多样性和吸引力。

以下列出一些目前正在出现以及未来可能出现的课后服务业务模式。

6.2.1 校间合作模式

6.2.1.1 各学校间合作共享

通过共享教育资源，如教师、教材和设施，可以提高课后服务的效率和质量。数字化教育平台为各中小学提供了实现教育资源高效共享的机会，包括在线教材、虚拟教室和远程教学工具，数字化转型不仅能够节省传统资源调配的时间和成本，还使各中小学能够根据自身的优势和特色提供不同类型的课后服务，通过合作实现互补，进一步丰富服务内容和形式。此外，各中小学可以利用虚拟现实和增强现实技术创造更具互动性的课后服务体验，学生通过虚拟现实设备参与远程实验或虚拟实景学习。各中小学还可共同举办各类线上线下课后活动，并通过科技手段拓展活动的参与范围，如学术竞赛、艺术表演和体育比赛，这有助于丰富学生的课外生活。通过建立技术赋能的合作平台，各中小学能够交流课后服务的经验和做法，分享数字化教育工具的最佳实践，共同研发适应不同学科和年级的在线教学资源，从而共同提升服务质量，促进学校之间的学习和进步，推动课后服务的持续改进和创新。

6.2.1.2 学校与高校合作，协同创新开展课后服务

引进充裕的高校师范生作为课后服务师资，独立带班或与课后服务教师协同工作。通过组建课程团队，共同构建教育实践的共同体，发展实践平台，共同开发实践课程，并建立互利共赢的长期合作机制，合作开展教研，提高中小学教师专业发展水平。通过联合高校和中小学校，充分整合专家资源和课程资源，解决中小学课后服务自建课程存在的质量、资源、师资等问题；通过课程建设，推动教研文化、课题研究、社团建设和教材开发等活动的开展，进一步拓展课后服务内容，提升学校内部的教研与成长质量，开创高校和中小学校协同创新开展课后服务的新局面。高校与中小学校的协同共建满足中小学教师专业成长的需求，项目化推进教研活动、协同提升教学质量，双方共同开展课题研究，将教师的专业成长和教研能力提升融入课后服务模式之中，创新教育科研方法，打造高校和基础教育教研合作新平台，实现双方的协同发展和共同提升。

6.2.2 校企合作模式

学校与企业建立稳定良好的合作关系。企业在课后服务方面提供支持，涵盖课程内容、师资服务和平台运营三个方面，可提供短期或长期的垂直服务或综合方案，服务对象包括教师端、家长端、学生端和学校端等。学校在保障课后服务的公益性基础上，积极创新服务形式，发挥第三方高质量课后服务机构的专业优势，为学生提供个性化、专业化的课后服务内容和资源。通过校企结合的方式，优化课后服务的实施，实现多主体联动，提升服务效能，丰富服务的场域和空间类型。

6.2.3 馆校合作模式

学校与博物馆、科技馆、展览馆、少年宫、青少年活动中心等机构开展课后服务合作。学校通过引进科普展览和科学教育活动资源，推出适合学生的系列课程，如艺术类的剪纸、花艺等。同时，机构应加强教育项目的设计研发，更好地将资源转化为符合学生需求的教育教学资源，以有效衔接学校课堂教学和课后服务需求。馆校合作的创新体现在学习环境、学科融合、学习方式和评价方式四个方面，实施馆校合作课程可以促进学生创新思维的发展，提供学生兴趣选择的机会，支持学生素养的全面发展，帮助学生提升能力，提供学生展示与交流的场所，满足个性化学习需求。

6.2.4 学社结合模式

学校与所在社区合作共育，联合开展课后服务。在许多课后服务体系较为完善的国家，课

后服务往往是社会教育和学校教育相结合的产物，由政府与社区承担核心角色与责任，政府在这一合作中是统领政策和协调服务的关键角色，而社区被视为未来中小学课后服务的关键场所。在中国，仅仅依赖学校内部体系进行中小学课后服务会面临巨大的压力，无论对老师、学校还是服务本身而言都是如此。未来理想的中小学课后服务可能将在学校和社区共同承担的生态中发展，学校与社区合作共育，充分利用社区内的人力资源和人才优势，社区居民可以发挥各自的特长，全面参与学校的课后服务，这对学校和孩子而言都是最大的支持[1]。社区提供的多元化参与不仅能够辅导儿童提升学习能力、减轻学校教师课外工作压力，同时能够激发社区居民个体教育功能的再释放，尤其是老年志愿者的终身学习与自我价值实现。

6.2.5　家校合作模式

学校在课后服务方面与家长合作，促进家校协同教育的有机联动。搭建家校共育平台，建立家校合作委员会、家长学校、亲子活动机构等，提升家长在学生成长过程中的参与感。创新家校共育活动形式，鼓励家长参与学校的课后服务，充分发挥家长自身优势，与学校课后服务工作紧密结合，探索具有学校特色的课后服务模式，并为家长开发专题服务板块。在教师的专业培训中，加入有效的家校共育方法培训，涵盖家校沟通方法、家长群管理等方面，使教师在课后服务中能够创造性地将家庭育人的理念传递给家长[2]。

6.2.6　协同保障模式

该模式是在政府、学校、家庭、社区、机构、企业的协作下建立的课后服务新生态。采用面向社会招标、整合学校现有资源、结合家长及社区资源等途径与社会资源衔接，选择管理规范、师资力量强、技术符合要求的机构进行合作，通过基于科技的信息互通渠道建设，实现资源的高效调配与管理。这样的协作模式使各方在课后服务领域更有序地互动，为学生提供更全面、多元化的培养与成长支持。

在不同的课后服务模式下，学校将打破围墙的禁锢与社会互通，更新教育思维，让学生在吸纳知识的同时与社会接轨。未来的技术赋能课后服务将继续探索新的业务模式，以提供更有效、更有吸引力的学习体验。同时，这些模式也将重视可持续性和包容性，确保所有学生都能从中受益。

---

① 屈璐. 日本课后服务的路径与机制研究——以牛久市学社合作模式为例 [J]. 现代远距离教育，2019（02）：64-70. DOI:10.13927/j.cnki.yuan.2019.0018.

② 汪小娟. 协同合作视域下小学课后服务的价值意蕴与保障路径 [J]. 教学与管理，2022（05）：5-8.

6.3 技术赋能课后服务领域（行业）的发展趋势

受到多种因素的影响，包括技术进步、教育政策变化、市场需求和社会态度的转变等，技术赋能课后服务领域（行业）的发展趋势也在迅速演变。以下是一些关键的发展趋势。

6.3.1 课后服务行业竞争白热化

随着腾讯、阿里、华为、科大讯飞、鸿合科技等大型企业及上市公司的涌入，课后服务领域的竞争愈发激烈，竞争对手日益增多，行业规模逐渐提升。专注深耕垂直领域的老牌企业在这场竞争中取得了显著的发展，展现出它们在特定领域的深厚积累。

6.3.2 政策引导下朝可持续发展迈进

自 2021 年起，课后服务领域的相关政策体系逐渐完善，实施步伐更加贴近实际。一系列课后服务相关政策文件相继问世，实现了在学校层面对课后服务的全覆盖。这一政策演进经历了需求导向、地方先行和政策统合三个阶段，显现出了政策导向从"管控"向"引导"的积极转变。教育主管部门的职责不仅仅限于对学校提供的课后服务进行监管和指导，同时也包括对课后服务机构的准入和监管的有效管理。此外，对课程设置和定价等方面的协调和管控也成为政策制定的关键内容。这一系列政策举措旨在更好地引导和规范课后服务领域的发展，从而推动整个行业朝着更加健康、可持续的方向发展。

6.3.3 德智体美教育引领课后服务领域转型浪潮

"双减"政策大幅压减义务教育阶段校外学科培训机构，对整个培训链条进行严格管理，规范校外培训市场秩序，这一政策的目的是减少"剧场效应"所引发的普遍焦虑，确保教育能够回归其育人本质。"双减"政策对教育培训的影响主要集中在义务教育阶段的学科类培训，学科类培训机构需要迎接转型的挑战。素质类培训机构受到的影响相对较小，艺体教育等培训机构仍能正常开展业务。在国家"双减"政策的影响下，素质教育培训行业正快速向德智体美等方面发展。国家推动的标准化和专业化也将成为中国艺术教育培训行业未来的发展趋势。

6.3.4 行业蓬勃发展带来巨大商机

中国课后服务市场仍处于成长期，培训需求庞大。在"双减"政策逐步落地的背景下，预计 2023 年课后服务的市场规模将达 1 176 亿元[①]，市场需求预计将突破 1 万亿元，商机巨大[②]。素质教育培训行业正朝着德智体美方面快速发展，全国范围内的艺术教育培训也有望扩大。课后服务为义务教育阶段的教育行业提供了重要的发展机遇，同时，在实例驱动的项目经验交流中，区域统筹与单校突破均成为推动行业创新和业务拓展的关键方向。行业伙伴们应共同建设行业生态，实现共赢课后服务。

6.3.5　科技驱动的领域趋势

科技的不断发展推动了课后服务领域的管理创新，提升了行业的集中度。社会专业机构在这一背景下成为课后服务的重要补充，为学生提供更个性化、专业化的服务。"课程＋平台＋服务"的一体化解决方案备受市场青睐，它整合了课程、平台和服务，通过增值性、综合性、过程性评价，该解决方案引导学校关注学生在学业水平、个性特征、特色办学等方面的全面发展。

在这个行业中，一些典型的企业通过提供在线课程、个性化学习平台和互动教学工具，已经在我国的课后服务领域产生了显著影响。这些企业不仅推动了教育技术的发展，也为多元化教育的普及和创新做出了贡献。随着技术的不断进步和教育需求的变化，预计未来这个领域将继续快速发展，出现更多的创新和变革。

6.4　未来的挑战与机遇

在数字时代，技术的飞速发展为课后服务领域注入了强大的动力，使得教育行业在创新与发展方面迎来了前所未有的机遇，技术赋能已经成为教育行业中不可或缺的组成部分。然而，这个领域的发展既受益于技术的创新，也必须应对由此而来的复杂性，在探讨这一领域的未来时，我们必须认识到挑战与机遇在数字时代的潮流中相互交织，机遇背后隐藏着一系列潜在的挑战，需要我们深入思考并寻找切实可行的解决方案。

6.4.1　未来的挑战

6.4.1.1　课后服务教学内容的挑战

在信息大爆炸的时代，尽管网络资源极为丰富，国家智慧教育平台和各省市自研的平台相

---

① 共研产业研究院. 2023–2029 年中国课后服务市场深度调查与投资前景分析报告［R/OL］.（2023-07-06）［2023-12-23］. https://www.gonyn.com/industry/1518729.html.
② 中研普华产业研究院. 2022–2027 年课后服务行业市场深度分析及发展策略研究报告［R/OL］.（2023-11-27）［2023-12-23］. https://www.chinairn.com/news/20231127/085251261.shtml.

继应用于课后服务领域，但仍然存在着优质资源不够突出、整合利用困难的问题。不同的教育资源平台和软件之间存在数据不互通、整合困难等情况，导致了资源的浪费和利用效率的降低。部分学校存在服务内容不足且单一的问题。大多数学校主要侧重于学科教学的作业辅导和社团兴趣活动，但在作业辅导环节经常出现继续学科教学或进行集体补课，缺乏足够的个性化。兴趣活动在设计、资源支持、设施等方面无法满足学生全方位的教育和培养需求。部分课后服务的内容设置显得零散，导致学生在学习过程中只能见到其表面而难以真正发展思维和提升能力[①]。

6.4.1.2 课后服务师资与设施的挑战

部分地区课后服务面临着资源设施不足和优质师资分布不均衡的问题，存在专业师资不足的情况，这导致课后服务项目的覆盖范围受到限制，学生的学习需求无法得到充分满足。单靠学校开展课后服务难以满足需求，需要相关部门加大投资改善基础设施，并引入数字化和信息技术，推进城乡教育线上线下跨区域帮扶机制。

6.4.1.3 课后服务技术应用的挑战

调查显示，对于问题"您认为在结合数字化技术开展课后服务的过程中，还存在着哪些问题？"如图 6.4-1 所示，有 68.11% 的教师选择了技术类。技术赋能的课后服务正在面临技术操

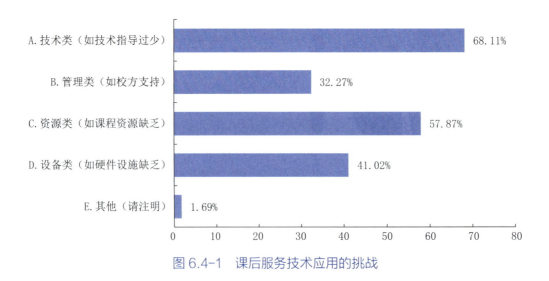

图 6.4-1 课后服务技术应用的挑战

作繁琐的挑战，一些平台操作步骤繁琐、技术指导过少，部分教师对技术应用不熟悉，难以有效地利用技术提高教学质量，同时也未确保涉及家长的操作简单易执行。此外，也需要认识到技术依赖和人际交往的问题，为了促进学生的全面发展，需要在技术应用和实际社交活动之间

① 柳立言，龙安然，安敏.国家中小学智慧教育平台赋能"双减"课后服务的创新路径研究［J］.中国电化教育，2023（07）：78-84.

取得平衡。尽管技术在提供便利的同时发挥着重要作用，但我们也必须考虑其对学生社交技能和情感发展的潜在影响。

6.4.1.4　课后服务的隐私安全问题

在中国，政府已经出台了一系列的政策和规定来保护学生的隐私和网络安全。然而，仍有一些问题需要注意。首先是数据保护，一些课后服务平台可能会收集学生的个人信息，如姓名、年龄、学校等，这些信息如果没有得到妥善保护，可能会被滥用或泄露；其次是位置权限，一些应用在用户明确表示不同意打开位置权限后，仍频繁征求用户同意，干扰用户正常使用；最后是第三方共享，一些平台可能会在未经用户同意的情况下，将用户的信息分享甚至售卖给第三方。

6.4.2　未来的机遇

6.4.2.1　更加个性化的学习体验

随着人工智能和机器学习技术的进步，未来课后服务有望更加精准地提供个性化的学习体验，使学生能够根据自身需求和兴趣进行定制化学习。

6.4.2.2　增强的互动性和参与度

利用虚拟现实和增强现实技术，课后服务将创造沉浸式和互动性更强的学习环境，提高学生对学习的兴趣和参与度。

6.4.2.3　更广泛的教育资源共享

云技术和开放教育资源的发展将促使高质量的教育资源更广泛地被获取和共享，为学校提供更多支持，特别是在乡村地区解决师资匮乏和学习支持不足的问题。

6.4.2.4　更智能化的课后服务体系

基于平台的智能化课后服务评价体系将帮助规范服务质量监测机制，使教师和学生能够更有效地使用优质的课后服务。大数据分析将在课后服务的规划和评估中发挥更大作用，为教育机构提供更丰富的信息支持，帮助其做出更有效的决策。技术平台将进一步促进家长与学校之间的沟通和合作，使其形成更紧密的社校关系，有助于学生在学业和全面发展上得到更全面的支持。